JN177537

『老後破綻』改訂版

財政破綻で〝年金難民〟にならないための「7つの処方箋」

岩崎博充

廣済堂新書

はじめに

現在の日本が置かれている立場は非常に微妙だ。

２０１２年11月に始まった「アベノミクス」は、20年以上に渡って続いてきた「デフレ経済」の脱出を目指して始まった。中央銀行である日本銀行が、異次元の量的緩和やマイナス金利導入によって大量の日本国債を買い上げるという、本来やってはいけない金融政策を言葉巧みに、そしてメディアも巻き込んで続けている。

日銀は、毎年80兆円超の緩和マネーを使って新たに売り出される日本国債の７〜８割を買い上げる政策を続けている。２年以内に、消費者物価指数を２％上昇させるとコミット（約束）しておきながら、２０１６年４月現在、２％の物価上昇どころかデフレに逆戻りするのではないかという懸念まで出ている。

景気回復をアピールする安倍政権だが、２０１５年７－９月期のＧＤＰ（国内総生産）

成長率では、後に訂正されたものの2期連続でマイナス成長となり、景気後退の一歩手前まで行ってしまっている。安倍政権が唯一頼りにしてきた株価も、2016年初頭から始まった世界同時株安の波に大きく飲み込まれている。アベノミクスが成功するかどうかは、まったく不透明といっていいだろう。

仮に成功しても、日銀が採用した「QQE（量的・質的金融緩和策）」いわゆる「異次元緩和」は、副作用として超インフレなど、どんな事態を招くかわかっていない。

はっきりしているのは、これから老後を迎える人、あるいはいま老後を送っている人にとって、自分たちの老後を破綻させるかもしれない大きな「賭け」を、安倍政権が実施していることである。金利をマイナスに導き、新規発行国債の8割を日銀が買い入れている状況をいつまで続けられるのか。アベノミクスを終了させる段階で、出口戦略の実行は可能なのか。失敗して日本国債の暴落＝金利の高騰を招いてしまうのではないか。

安倍政権は人気の原動力となっている「株高」を維持するために、国民の大切な財産であるGPIF（年金積立金管理運用独立行政法人）の基金まで株式市場に投入する政策をとってきた。そんなリスキーな政策をいつまで続ける気なのか。年金基金で大きな損失を出したときに、我々の年金はどうなるのか。その答えを明確にしないまま、アベノミクスは継続中だ。

言い換えれば、今後の日本経済の動向次第では、年金では暮らせないほどの「超インフレ」が進行したり、インフレが進行しなくても年金がずるずると減額される事態に陥る可能性があるということだ。まさに、現在は「老後破綻」の危険性と隣り合わせの日々を送っているといってもいい。

本書は、そんな「老後破綻」の可能性について検証した一冊である。日本国債の暴落による日本経済の破綻、超円安による超インフレの可能性について多くの紙幅を費やしているが、それだけ日本国債や超円安に関わるリスクが拡大しており、その可能性が高まっていると理解していただきたい。

老後と貧困の関係について特集したＮＨＫの「老後破産」が大きな話題を呼んだが、近年の年金減額や健康保険料など社会保険料の増額や増税などによって、すでに老後破綻を迎えている人も数多い。

厚生労働省の調査によると、65～69歳の相対的貧困率は、女性で19・0％（２００９

年、国民生活基礎調査)、男性が15・5%。70~74歳では、女性が26・6%、男性17・3%という具合に増えていく。相対的貧困層というのは、現役世代の2分の1以下の収入しかない世帯のことだが、これが単身世帯、いわゆる一人暮らしになるとさらに跳ね上がる。65歳以上の単身女性52・3%、同じく単身男性38・3%だ。

本書は、東日本大震災後の2011年に発刊されたものだが、その後のアベノミクスや年金情勢の変化といった新しい情報を新たに取り入れた。どうすれば、老後破綻せずに済むのか。老後設計のノウハウを本書によって取得し、すでに年金生活をしている人も含めて、老後破綻を避ける方法を実行に移していただければ幸いだ。なお、本書の制作にあたって取材に協力してくださった方々、出版の機会を与えてくださった廣済堂出版に感謝したい。

2016年4月

岩崎博充

『老後破綻』改訂版

財政破綻で〝年金難民〟にならないための「7つの処方箋」

目　次

第2章 日本炎上！　そのとき年金生活者はどうなる

第5章　老後難民にならないための「7つの処方箋」

第6章 今できること、今しなければいけないこと

序章

前人未踏の財政赤字、無謀なアベノミクス…、絶壁に立つ日本経済

現在、政府債務残高1054兆4243億円！

1000兆円を超す財政赤字を抱える日本政府に対して、リーマンショックやギリシャショック以降、「このままでは、日本経済は持たないのではないか」「貨幣価値が変わってしまうような経済変動があるのではないか」といった疑問や懸念が、徐々に高まりつつある。

そんななかに登場したのが第2次安倍政権であり、「アベノミクス」であった。

1000年に一度ともいわれる東日本大震災によって大規模で深刻な被害が出たが、まさにその隙を突く形で自民党政権が復活。アベノミクスによって、意図的に円安が誘導され、安倍政権の意を汲んで日本銀行は、異次元の量的緩和を含む「大胆な金融政策」を実施する。

周知のようにアベノミクスは、3本の矢といわれる「大胆な金融政策」「機動的な財政政策」「民間投資を喚起する成長戦略」によって構成されているが、この中で成果を上げられたのは「大胆な金融政策」と呼ばれる「異次元の金融政策」だけだ。

年2%のインフレ率を2年以内に実現するという目標を掲げて、無制限の量的緩和を実行。年間80兆円もの資金を投じて日本国債を買い上げ、さらにETF（上場株式投信）やREIT（不動産ファンド）にも投資するという量的緩和策だ。非伝統的量的緩和策を実施した米国と比較すると、GDP（国内総生産）の規模の違いなどを考慮しても、まさに異次元の量的緩和政策であった。株式市場は、黒田日銀総裁の名前を取って「黒田バズーカ砲」と名付けて歓迎した。

実際に、株式市場は安倍政権のスタート直前から大きく上昇して、日経平均株価は2万円の大台を回復。円安も進んで、輸出産業が多い大企業の企業業績は大きく回復し、アベノミクスは一見、成功したかのように見えている。

さらに、年金基金を運用する「GPIF（年金積立金管理運用独立行政法人）」のポートフォリオ（資産構成）比率に柔軟性を持たせて、日本株の投資比率を20%台から、倍近い35%程度にまで増やし、株式市場を押し上げている。

こうした日銀の量的・質的金融緩和策やGPIFなどの株価対策が功を奏して、少なくともアベノミクス開始前に比べて、株価だけは上昇した。

ところが、2年経っても実質賃金が増えず、企業の設備投資も一向に増えない。インフレ率2％達成といった約束も、いつの間にか反故《ほご》にされてしまっている。そればかりか、賛否が真っ向から分かれる安保関連法案などの強行採決に注力して、経済政策は日銀に頼りっぱなし、という感が歪めない。

しかし、最大の問題は日銀の金融緩和よりも、実は莫大な財政赤字の存在だ。２０１５年９月末現在の国債発行残高は８９４兆５８６３億円、そのうちの31％に当たる２７８兆９９６５億円を日銀がすでに保有している。地方債や政府短期証券などを合計した債務残高総額は、いまや１０５４兆円に達している。５年前の２０１１年6月の段階では、日銀の国債保有比率はわずか７・５％、50兆円だったことを考えると、いかに日銀の国債保有が短期間で増えたかがわかる。

いうまでもなく、日銀は日本の中央銀行であり、日本円の銀行券発行銀行である。日銀は、輪転機を回して大量の紙幣を印刷すればいくらでも資金調達ができるわけだから、大量の国債を引き受けることも可能なのだ。ただし、日銀が円を印刷しまくって市中にばらまいた場合、「円」の価値は自然と下落してしまう。

米国は、世界中のどこでも利用できる「基軸通貨」であることを背景に、長期に渡って莫大な財政赤字と貿易赤字（いわゆる双子の赤字）を作ってしまったことはよく知られている。その代償としてドルの価値が下落して、日本は円高に苦しめられた。通貨が米ドルと連動していた中国や新興諸国は、為替安の恩恵を受けて、大きく経済成長を遂げた。それが2000年代の新興国バブルのメカニズムだった。

同様に、日銀も国債を引き受けるために円紙幣を印刷すればするほど、日本円が市中にばらまかれて「円」の価値が低下する。為替相場では「円安」になるわけだが、円安が進行すれば、輸出産業の業績は上がるが、食料品やエネルギーの大半を輸入に頼る日本にとって、消費者物価指数が跳ね上がるインフレになる可能性が大きい。

そもそも、中央銀行が国債を直接引き受けることは法律で禁止されている。国債は、あくまでも入札制度で市中の銀行や証券会社を対象に販売されるものであり、国の資金調達の方法として確立されている。しかし、日銀もまったく買わないかといえば、かつては月に1兆8000億円程度のペースで「国債買い切りオペ」という国債購入が続けられてきた。それが現在では月に6～7兆円程度も買い入れている。前述したように、新規国債の7～8割は日銀が買い入れてしまうために、いまや日本国債の市場は健全なマーケットとして機能していないところまで来ている。

「アベノミクス」が日本破綻の引き金を引く？

本来であれば、法律で原則禁止されていた「赤字国債（＝特例国債）」の発行だが、財務省はどんどん赤字国債を発行し、その国債を日銀がどんどん買っている……。

そもそも今回の「ＱＱＥ（Quantitative-Qualitative Easing＝量的・質的金融緩和）」の目的は、日銀の当座預金の残高を増やすことだ。経済用語で「マネタリーベース」というのだが、「現金と民間金融機関が保有する中央銀行預け金の合計」のこと。このマネタリーベースを増やすために日銀は、大量の国債を銀行から買い入れている。日銀にある民間銀行の当座預金には、どんどんマネーが溜まっていくから、こうした大量の資金はやがて企業の設備投資などに回り、市中にマネーが回っていき、景気が良くなる、というロジックだ。

中央銀行である日銀が、マネタリーベースを増やすことで、本当に景気が良くなるのだろうか。そもそも、今回のアベノミクスの背景には「リフレ派」と呼ばれる経済学者の考え方がある。そのリフレ派の理論的支柱となったのは、米国のノーベル賞経済学者ポール・クルーグマンの考え方だ。

クルーグマンは、米国が１９２９年に陥った恐慌の原因は、ＦＲＢ（連邦準備制度理事会）の財政政策が足りなかったからだとする説の持ち主で、日本も「流動性の罠」に陥っており、日銀が積極的な量的緩和を実行するべきだと主張してきた。

クルーグマンの考え方を安倍晋三首相に紹介したのは、内閣官房参与の浜田宏一氏だが、その浜田氏が推薦したのが、現在の黒田東彦日銀総裁と岩田規久男日銀副総裁だ。日銀は、クルーグマンの説を頭から信じて、２０１３年4月から「異次元緩和」をスタートさせた。

黒田総裁は、プレス発表で「2年、2倍、2％」というフリップを用意して、「2年を目標に、マネタリーベースを2倍にして、消費者物価を2％上げる」と記者の前で胸を張った。岩田副総裁は、2年で達成できなかったら辞任するとまで豪語した。

実際、２０１５年11月の段階で現金紙幣92兆６０００億円、日銀内の当座預金の残高が247兆2000億円。マネタリーベースは総額339兆8000億円に達する。

異次元緩和前には、現金紙幣83兆円、当座預金58兆円、合わせて141兆円だったことを考えると、わずか2年7カ月でざっと200兆円のマネタリーベースが増えたことになる。これだけ大胆な金融政策は、世界でも例を見ないし過去にも例がない。

米国がリーマンショック後に3回にわたって実施した「非伝統的量的緩和策」いわゆる「QE（Quantitative Easing）」よりも、経済的な規模を考えると、日本のほうがはるかに大規模な量的緩和を実施していることになる。

そのアベノミクスの異次元の量的緩和も、いまや空前の灯だ。異次元の量的緩和策を始めて、3年以上になるというのに、一向にインフレ率2％は実現しない。クルーグマンも2015年10月20日のニューヨーク・タイムズ紙で「Rethinking Japan（日本再考）」と題したコラムを発表。「日本の異次元緩和は失敗だった」と指摘している。

日銀もそんなプレッシャーに負けて、ついに2016年1月には「マイナス金利」導入に踏み切る。アベノミクスがもたらした、異次元の量的緩和とは何だったのか。そして、その副作用とは何かを考えるときに来ているといっていいだろう。

ただいま進行中！　国民生活〝破綻〟プロジェクト

もともと日本の財政赤字に対しては、世界各国も厳しい目を向けてきた。ＩＭＦ（国際通貨基金）は定期的に、日本の財政健全化について警告を発しているし、大手格付け会社も「前人未踏の領域」といったトーンで警告している。

たとえば、財政赤字のリスクを世界的に知らしめた「ギリシャショック」の直後に開催された「G20（主要20カ国首脳会議）」でも、２０１３年までに日本を除いて、現在の財政赤字を半分に減らすとの宣言が発表された。「日本を除く」というところがポイントで、日本は2年やそこらで財政赤字を半減させられるレベルではないという認識がすでに定着していたことになる。

日本国債の大量発行は、バブル景気の崩壊以前から始まっている。本来、日本の財政法では「国の歳出は、公債又は借入金以外の歳入を以て、その財源としなければならない」（第4条）と定められており、法律で赤字国債の発行を禁止している。

太平洋戦争で莫大な赤字国債を発行した結果、ハイパーインフレを引き起こしてしまったことを反省して、貨幣価値を変えてしまうような事態を引き起こさないように赤字国債の発行を厳しく制限しているのだ。それにもかかわらず、現在の日本の状況は、太平洋戦争末期よりもひどい状態となっている。戦争国債を発行し続けたために、ハイパーインフレを引き起こした日本だが、たまたま戦争がなくて、いまだに借金を続けられているだけともいえる。

そもそも赤字国債は、１９６５年に1年限りの「公債特例法」としての発行が国会で認められたところから出発している。それが１９７５年以降は数年を除いて毎年継続して赤字国債が発行されてきた。そして、２０１５年9月末現在で国の借金は１０５４兆４２４３億円、国民１人当たりに換算すると１０４６万円にも達している。

小さな赤ちゃんから80歳を超えた老人に至るまで、日本国民はこれだけの借金を背負っていることになる。財政赤字の大きさは、その国のＧＤＰの大きさと比較されるのだが、日本の財政赤字はいつの間にかＧＤＰの２３３・８％（２０１５年）にも達している。Ｇ７の中では日本に次いで財政赤字が多いイタリアの１４９・２％を大きく引き離している。

● 債務残高の国際比較（対GDP比）

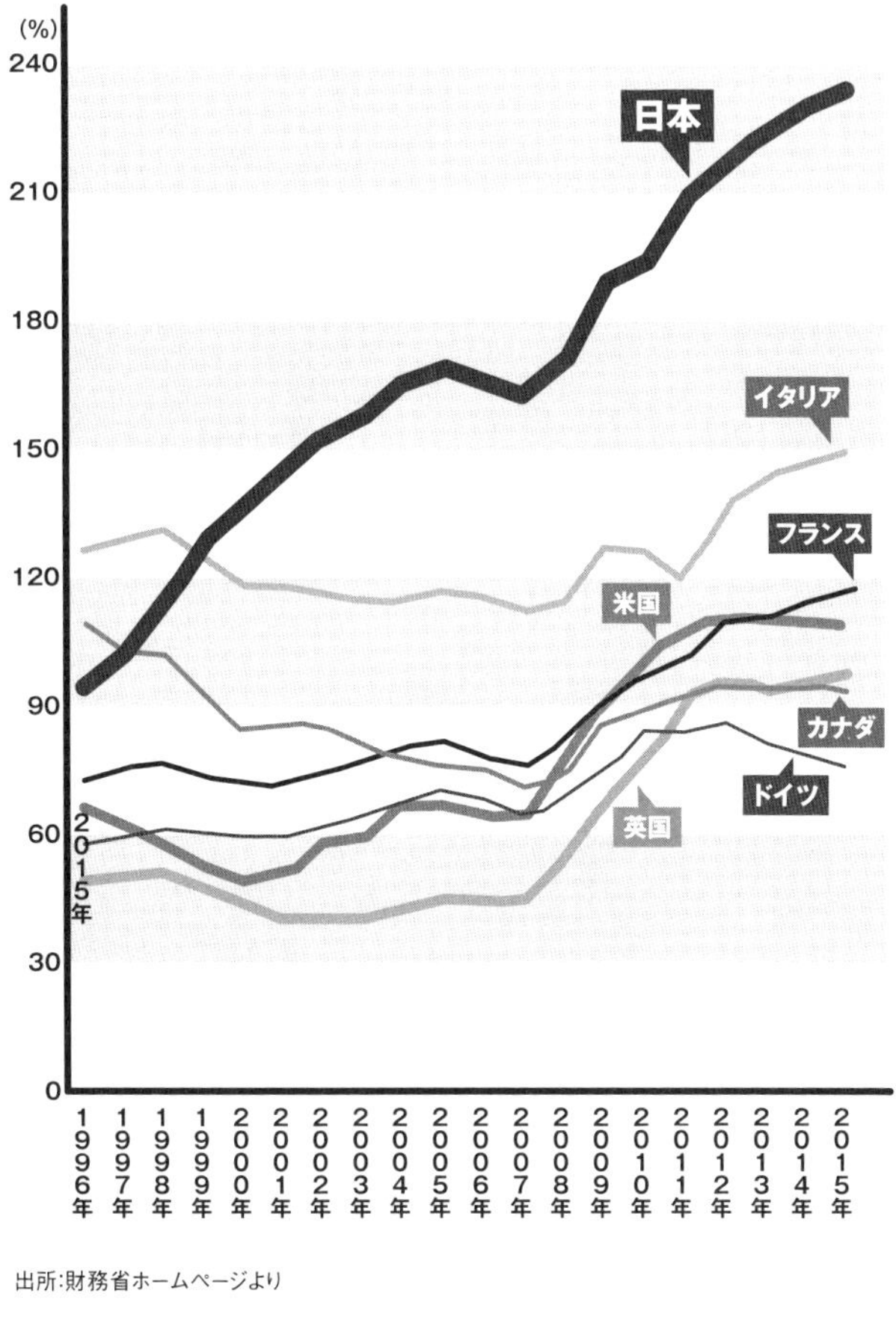

出所：財務省ホームページより

政府、財務省は、これ以上借金を増やさないためのボーダーラインとして「基礎的財政収支（プライマリー・バランス）」という言葉を使って、財政再建の目安にしている。歳入総額から国債発行収入を差し引いた金額と、歳出総額から国債にかかる費用を差し引いた金額の収支のことだが、簡単にいうと「これ以上新しい借金をしないで済む収支状態」のことだ。安倍政権は２０２０年度までに、このプライマリーバランスを黒字に持っていく目標を掲げている。

しかし、その前提となるのがインフレ率を加味しない名目ＧＤＰで３％程度、物価上昇分を差し引いた実質ＧＤＰで２％程度の成長である。かなりの経済成長を達成しないと無理だ。少子高齢化の真っ只中にいる日本が、こんな経済成長を遂げるには、大量の移民を受け入れるぐらいしか方法はないだろう。それも、いまからすぐに始めても、間に合うかどうかだ。

大手格付け会社の「スタンダード・アンド・プアーズ（Ｓ＆Ｐ）」や「ムーディーズ」「フィッチ」は、すでに日本国債の格付けを中国（Ａａ３、ムーディーズ）や韓国（Ａａ２、同）よりも下の「Ａ＋（Ｓ＆Ｐ）」「Ａ１（ムーディーズ）」「Ａ（フィッチ）」に格下げしている。この格付けは、スロバキアやアイルランドと一緒だ。日本が財政再建の道筋を立てられなければ、さらに格下げするとも明言している。

もう10年以上も前になるが、ムーディーズが、日本の赤字国債の発行残高を「前人未踏の領域に入った」と表現したことは衝撃的だったが、いまや前人未踏というよりも「孤高の一人旅」、皮肉っぽくいえば「壮大な社会実験」、悪意を持っていえば「国民生活破綻プロジェクト」である。

日本政府は過去に借りた借金の返済や、借り換えるための借換債を含めて、毎年100兆円を超える国債を発行している。その国債を買っていたのがゆうちょ銀行などの銀行、かんぽ生命などの生命保険といった金融機関だ。

日銀からお金を借りて、我々国民の預貯金を使って国債で運用してきたわけだが、預金金利より国債の金利のほうがちょっぴり高いから、利ザヤを取って儲けているわけだ。

ところが、アベノミクスが始まって日銀が金融機関に代わって国債を買い上げ、マイナス金利を導入したことによって、国債市場は大きな変化を見せ始めている。銀行や生保会社などの金融機関は、そろって国債以外の収益源の確保を余儀なくされている。国民の預金も、今後は国債からの利息を当てにするわけにはいかない。

金融機関が国債を買うことで消化できていた国債の発行市場が、アベノミクスによって新規発行国債の7~8割を日銀が買い占めることになり、マーケット機能が正常に働かなくなってしまった。ただ、はっきりしているのは、いつか日銀が国債の買い入れをやめる日がやってくる。そうなったらどうなるのか……、いまは誰にもわからない。安倍政権が選挙で大敗し、政権交代が実現すれば、アベノミクスは終わり、日銀の異次元の量的緩和政策も方向転換を強いられる。

出口戦略を間違えれば、国債市場は崩壊し、国債は暴落することになる。金利が上昇し、超円安が進み、日本には超インフレが襲うことになるかもしれない。

これまでの国債市場というのは、国民が持っている金融資産が頼りだった。その国民の金融資産は、1684兆円（2015年6月末現在）に膨れ上がっているが、すでに政府の借金も地方自治体の公債等含めれば、1054兆円に達している。

「リアルタイム財政赤字カウンター」（http://www.kh-web.org/fin/）によれば、国債および借入金、並びに政府保証債務残高、財政保証債務基礎データをもとに計算した財政赤字の額は1333兆円（2016年1月17日現在）に達している。

重要なのは、1684兆円の個人資産が底をつくのは時間の問題ということだ。しかも、その時期は10年後、20年後という話ではない可能性が高い。実際に、私は団塊の世代がそっくり65歳に到達する2014年が危ないと考えていたのだが、アベノミクスが始まってしまったために、破綻が先送りされてしまった。いずれにしても、そう時間は無くなりつつあるということだ。

日本を破綻に陥れるのは金融マーケット

日本を本当の意味での破綻に追い込むのは、地震でもなければ、津波でもない。まして、極東が戦場になる戦争や中東で起きたジャスミン革命のような市民運動でもない。日本にとどめをさすとすれば、それは「金融マーケット」であると私は考えている。日本政府が大量の国債を発行することで、国債に対する信認が低くなり、格付けの下落で長期金利が上昇していく。

2010年、ギリシャやポルトガル、アイルランド、スペインなどの金利が上昇して、世界中の金融マーケットが混乱した欧州危機の実態は「国債（ソブリン）リスク」だった。国債に対する信用不安から、株価、債券価格、為替が全部暴落する「トリプル安」が起こったわけだが、欧州危機の次は「日本危機」という専門家も少なくない。

２０１５年8月に起きたチャイナショックも株式市場などには深刻な影響を与えているが、中国の財政は極めて健全だ。ソブリンリスクの顕在化ではないから、景気対策も打てるし余力がある。いずれ経済の混乱は終息する。

しかし、日本でソブリンリスクが起これば、おそらく日本経済は崩壊を迎えてしまう可能性が高い。たとえば、第2次世界大戦前のドイツでは「紙幣」は紙くずとなった。ロシアの通貨「ルーブル」も、デノミネーション（貨幣改革）なども含めてピーク時から2万分の1に下落した。ブラジルやアルゼンチンでも年間１０００倍、２０００倍といったハイパーインフレを経験した。現在では、アフリカのジンバブエがハイパーインフレに苦しみ、自国の通貨を廃止して米ドルを通貨にすることで混乱を収拾した。

18世紀には世界を席巻したポルトガルやスペインは、英国のような植民地政策に失敗して、世界覇権を取れずに、いまでは欧州の最貧国といっていい状態になってしまった。

米国、中国に次ぐ世界第3の経済大国といわれた日本も、誰もが気が付いているように、そしてみんなが心配しているように、欧州のスペインやポルトガルのように、アジアの貧国のひとつになってしまうのではないか……。

バブル崩壊以後、失われた20年を経た日本国民は、いま真剣に財政破綻のシナリオにおびえ、日本経済の破綻を恐れて生活している。

日本経済の破綻は、株価や日本国債を大暴落させ、極端な円安をもたらす可能性が高い。銀行が経営破綻し、輸入物価はハイパーインフレ状態に……。ロシアのように、自国通貨が2万分の1になれば、年金収入や預貯金はたちまち紙くず同然になってしまう。国家破綻は、すなわち「老後破綻」に直結する。

本書は、とりわけ日本経済の破綻で最も困難な状況に陥るだろうと予想されている年金生活者、もしくはこれから老後生活をスタートさせようという人々、さらにまだ老後までは時間があるものの、老後に対して不安を抱かずにはいられない……そんな人を対象に「老後破綻」について、その処方箋はあるのか。あるとしたら、どんな方法でサバイバルを図ればいいのか。その可能性と対応方法について検証した一冊である。

第1章

アベノミクスが招く日本国債安全神話の崩壊

公的年金も積極運用を始めたアベノミクス

アベノミクスという特殊な金融政策が始まってしまったために表面化していないが、もともと日本国債には「売り圧力」が高まっていたのをご存じだろうか。格付けが下落しているといった事情ではなく、高齢化の進展による公的年金の「日本国債売り」が近年強まっていたのだ。800万人ともいわれる団塊世代が全員65歳以上になった2015年以降、年金給付金は爆発的に増え続けていくことが予想されている。

実際に、アベノミクスが始まる以前の「GPIF（年金積立金管理運用独立行政法人）」は、2011年度中に約6兆4000億円の積立金を取り崩すなど、徐々に年金基金を取り崩し始めていたのが現実だ。

そのGPIFは、安倍政権の方針に沿ってアベノミクスの一環として、株式への投資比率を大きく上げたことはよく知られている。それまで長期に渡って年金基金の資産構成比率は、国内債券60％（プラスマイナス8％）、国内株式12％（同6％）、外国債券11％（同5％）、外国株式12％（同5％）だったのだが、2014年10月以降、次のよう

●GPIFの資産構成割合

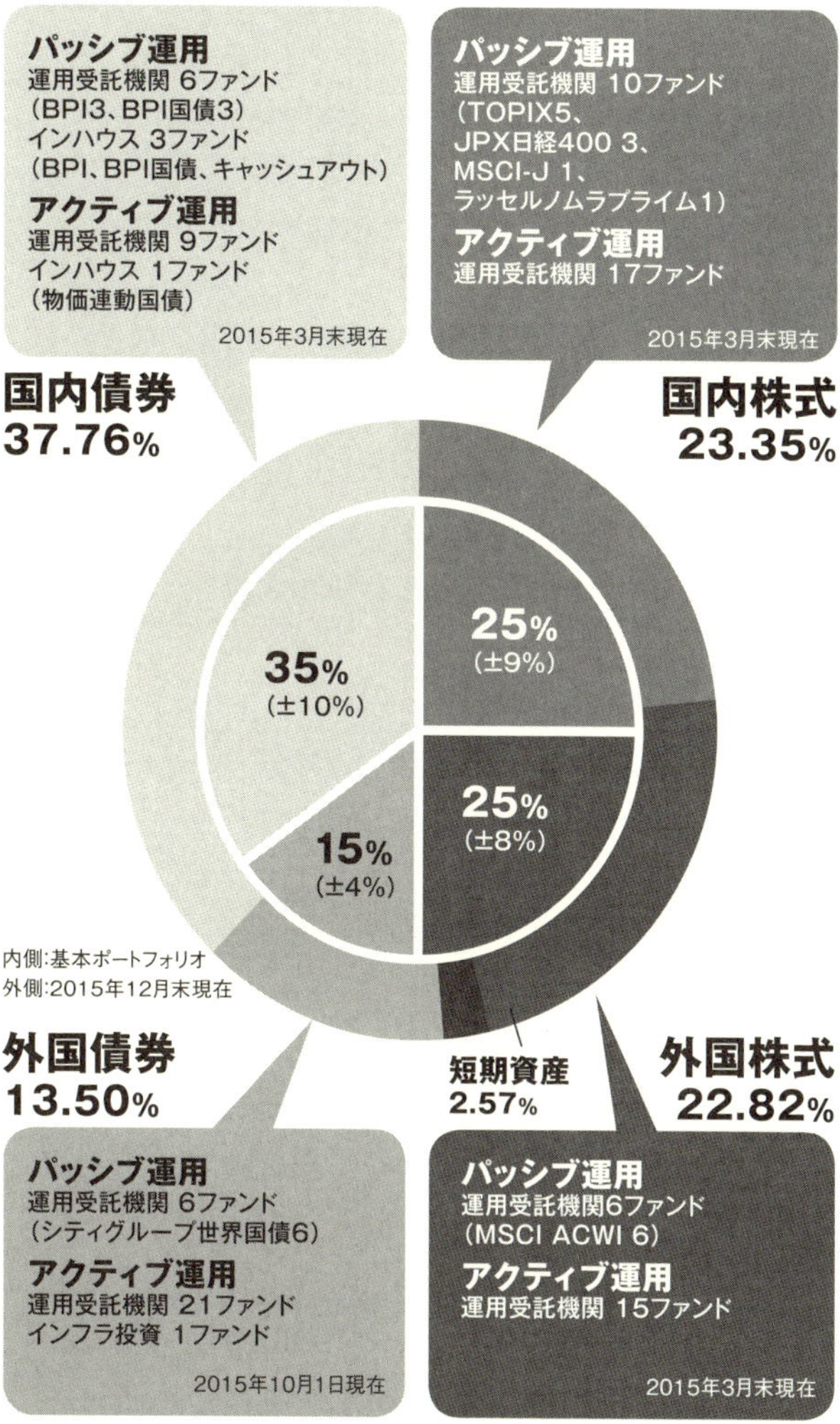

パッシブ運用
運用受託機関 6ファンド
(BPI3、BPI国債3)
インハウス 3ファンド
(BPI、BPI国債、キャッシュアウト)
アクティブ運用
運用受託機関 9ファンド
インハウス 1ファンド
(物価連動国債)
2015年3月末現在
国内債券
37.76%
パッシブ運用
運用受託機関 10ファンド
(TOPIX5、
JPX日経400 3、
MSCI-J 1、
ラッセルノムラプライム1)
アクティブ運用
運用受託機関 17ファンド
2015年3月末現在
国内株式
23.35%
35%
(±10%)
25%
(±9%)
25%
(±8%)
15%
(±4%)
内側:基本ポートフォリオ
外側:2015年12月末現在
外国債券
13.50%
短期資産
2.57%
外国株式
22.82%
パッシブ運用
運用受託機関 6ファンド
(シティグループ世界国債6)
アクティブ運用
運用受託機関 21ファンド
インフラ投資 1ファンド
2015年10月1日現在
パッシブ運用
運用受託機関6ファンド
(MSCI ACWI 6)
アクティブ運用
運用受託機関 15ファンド
2015年3月末現在

出所:GPIF(年金積立金管理運用独立行政法人)ホームページより

な資産構成割合に変更された。

・国内債券……60％↓35％（プラスマイナス10％）
・国内株式……12％↓25％（プラスマイナス9％）
・外国債券……11％↓15％（プラスマイナス4％）
・外国株式……12％↓25％（プラスマイナス8％）

確かに、海外の年金基金も最近の傾向として積極的な運用方針を実行するのが一般的だが、問題はその運用スキルと運用を担う人材の確保だ。価格変動の激しい金融市場に対応するためには、それ相当の時間をかけて人材を育成することが重要だが、安倍政権は強引に資産構成比率を変更してしまった。

それまで60％だった国内債券比率を一気に35％に減少させ、12％だった国内株式の割合を25％に持っていく。まさに大胆な改革だが、この改革によって最も大きな恩恵を被るのは株式市場であり、安倍自民党政権だ。株価が上がれば証券会社や金融機関には、潤沢なマネーが転がり込み、株価上昇を人気の原動力としている安倍政権にとっても、大きな恩恵となる。

しかし、公的年金を唯一の頼りにしている年金受給者にとってはたまったものではない。万一、年金運用に失敗して135兆円ある年金基金が半分になってしまったら、公的年金はどうなるのか。取り返しのつかないほどの損失を出した場合は、当然ながら税金で補てんすることになるはずだから、現役世代にも増税といった形で影響が出ることは間違いない。

実際に、GPIFの運用状況を見てみると、2014年度は12・27％という高い収益率を達成した。しかし、2015年度に入ってからは8月のチャイナショックを織り込んだ9月末の第2四半期の段階で、マイナス5・59％。その後、12月末の第3四半期には3・56％となったものの、2016年初頭から始まった株価急落を織り込んだ第4四半期の発表はこれからだが、厳しい結果が予想される。

このままでいけば、2014年の儲けなど簡単に吹き飛んでしまいそうだ。自らの政権の人気維持を目的として年金積立金をギャンブル化させてしまった罪は、計り知れないほど重い。日本株は、世界で最もボラティリティ（変動幅）の大きなマーケットといわれ、高度なスキルを持った運用のプロフェッショナルでないと儲からない。外国株式は、株価の変動というリスクに加えて為替リスクもある。円高に振れれば、為替差損を被ってしまう。同様に外国債券についても、金利や為替の変動リスクがある。

　ちなみに、安倍政権が圧力をかけて資産構成を変更した影響は、ＧＰＩＦに限らない。ＧＰＩＦ以外の公的年金の資産運用では、原則としてＧＰＩＦの年金運用のルールを踏襲するという暗黙の了解のようなものがある。つまり、ＧＰＩＦが国債を売って株式を買うのであれば、それ以外の公的年金もそのルールを採用せざるを得ない。

　実際に、現在の株式市場では「クジラ」と呼ばれる公的マネーの存在が大きな注目を集めている。ＧＰＩＦ、ＫＫＲ（国家公務員共済組合連合会）、地方公務員共済、私学共済といった年金基金に加えて、ゆうちょ銀行、かんぽ生命といった日本郵政グループが、株式など、よりリスクの高い金融商品に投資を拡大したのだ。

　言い換えれば、これらの公的マネーが一斉に国債を売って、その資金を株式市場に投資したと考えられる。その国債を引き受けたのが「日銀」というわけだ。本来、公的年金の運用は資産運用の中でも最も「保守的」な運用姿勢が求められる。冒険などする必要はない。つまり、年金運用機関であるGPIFがここまで積極的にリスクを取る運用などしてはいけないのだ。

海外の年金基金の資産構成比率を見てみると、先進国34カ国で構成されるOECD（経済協力開発機構）諸国の公的年金運用の平均（日本を除く）は、国内債券と外国債券で50％、国内株と外国株で36％、不動産3％、その他11％となっている。米国最大の年金基金として著名な「カルパース」は、国内債券と外国債券で26％、国内株で40％、外国株で20％、REIT8％、ヘッジファンド系6％となっている。おそらく日本のGPIFはカルパースを参考にしていると思われる。

もっとも、カルパースとGPIFの違いは、過去の運用実績と、専門的な知識を持った運用の専門家の有無だ。カルパースの運用部門職員数は270人（2011年9月末現在）、対してGPIFはわずか4人（2016年1月1日現在）しかいない。その資産運用能力に大きな疑問符が付くのは避けられないだろう。

大きすぎる財政赤字の弊害

日本の問題は、中央銀行による異次元の量的緩和、そして年金運用機関のＧＰＩＦなどによる無謀なリスク商品への積極的な投資活動だけではない。これらの背景には、少子高齢化の進展による公的年金制度の崩壊懸念、何をやっても好転しない景気など、数多くの問題が存在する。

しかし、これら様々な問題の中でも最も深刻といっていいのが「財政赤字」だ。財政赤字は公的年金制度への不安にもリンクしており、年金制度を継続できるのかという不安にも直結している。年金制度だけではなく、医療制度や生活保護制度など社会福祉全体に対して、国民に大きな不安を抱かせている。その根幹に位置するのが１０００兆円を超える財政赤字だ。

財政赤字は、また日本の企業活動の低迷にも関係している。20年、30年というスパンで日本経済を考えたとき、日本は決して順調な経済成長を遂げるとは考えられない。もともと日本には「少子高齢化」という問題があり、ただでさえ人口が減少して、企業活動は活力を失っていく可能性が高い。そこに、財政赤字による影響が降りかかってくる。とりわけ、注目したいのが国債の大量発行による企業への影響だ。

将来の日本経済は「クラウディング・アウト（crowding out）」の状態に苦しむ可能性が高い。クラウディング・アウトとは、政府が国債を発行しすぎて、企業活動を阻害してしまう状況。政府が大量の国債を発行すると、それによって市中の金利が上昇し、民間企業や個人の資金需要が抑制されてしまう。お金が全部政府に集まって民間に回ってこない現象だ。企業は設備投資を控え、個人も消費を抑える。

企業や個人に資金が流れず、みんな国に還流してしまう。その結果として、企業の資金需要が落ち込み、経済成長を阻害してしまう。クラウディング・アウト現象は、財務省もサイトでそのメカニズムを詳細に紹介して、警告している。

ところが、そのクラウディング・アウトの解決策として選ばれた方法が、中央銀行による国債買い入れだ。本来なら、法律で禁止されているはずの違法行為を堂々とやっているのが現実だ。財政赤字を解決するには、歳入を増やすと同時に歳出を減らすしか方法がない。簡単にいえば、税収を増やして、歳出を削減するしかない。

安倍政権は、国会議員の数を大幅に減らすこともしなければ、公務員の賃金を下げるどころか上げている。その一方で、禁じ手の「中央銀行による国債買い入れ」をやって、問題を先送りしてしまった。

「誠に残念ですが、日本は貧しい国になるでしょう」

米国家経済会議（NEC）前委員長のローレンス・サマーズ米ハーバード大学教授（当時）が、東京電力福島第一原発事故発生の直後にある講演で次のように述べたそうだ。

「誠に残念ですが、日本は貧しい国になるでしょう」

サマーズ教授は、当時大きくクローズアップされていた東日本大震災や原発事故のことだけを指して、日本の将来が貧しくなるといったわけではない。現在の日本が抱える問題は、そう簡単に解決できない問題が多かったからだ。日本の社会構造そのものにメスを入れなければ、解決できそうにもないものばかりだ。ここで簡単に、現在の日本が抱える問題点をピックアップしてみよう。

①1000兆円を超える日本政府の財政赤字

②少子化による需要減、消費低迷など経済成長への不安
③高齢化社会の急速な進行による社会保障制度への不安
④企業の設備投資への意欲減退、研究開発費の減少
⑤デフレの進行、需要不足
⑥日本の国際競争力の弱体化

ここで疑問に思うのが、日本はなぜ1000兆円を超える莫大な借金ができるのか、という点だ。米国と違って基軸通貨国でもない日本が、なぜここまで借金できるのか。周知のように、そのお金を貸しているのは我々日本国民だ。日本国民は政府の借金を許しているだけではなく、銀行預金などを通して、政府に貸し出している。政府の無駄遣いを黙って認めている、といっていいだろう。

その一方で、国民が政府に貸しているお金だから財政破綻など起こるはずがない、という考え方がある。残念ながら、その根拠は極めて曖昧だ。海外ではそんな理屈は通らないし、国民が信頼して預金している金融機関が、国債に投資したとしても、国民の財産と政府の借金は本来、まったく別のものだ。むしろ、過去のケースではしばしば莫大

な財政赤字の末路は、国民の資産を奪取することで解決されている。

政府が借金する場合、国債などを発行してそれを国内外の投資家に買ってもらうわけだが、日本はそのほとんどをゆうちょ銀行やかんぽ生命などに買ってもらうことでやりくりしてきた。ギリシャのように、ＥＵ（欧州連合）諸国から借金してやりくりしてきた国は、何かあるとすぐに金利が跳ね上がり、デフォルト（債務不履行）の危機に直面してきた。日本だけがなぜデフォルトを免れているのか。そこには、財政破綻を免れたい財務省の用意周到な計算と血のにじむような工夫があると考えるのが自然だ。

財務省は破綻前にアベノミクスで煙に巻いた？

財務省のデータによると、現在の日本政府は毎年、過去に発行した国債を借り換えて延長するための「借換債」を中心に１６０〜１７０兆円の国債を毎年発行している。

たとえば、２０１５年の内訳を見ると——

●新規財投債……36兆９０００億円

●借換債……１１６兆３０００億円

●国債等の所有者別内訳

国債及び国庫短期証券（T-Bill）

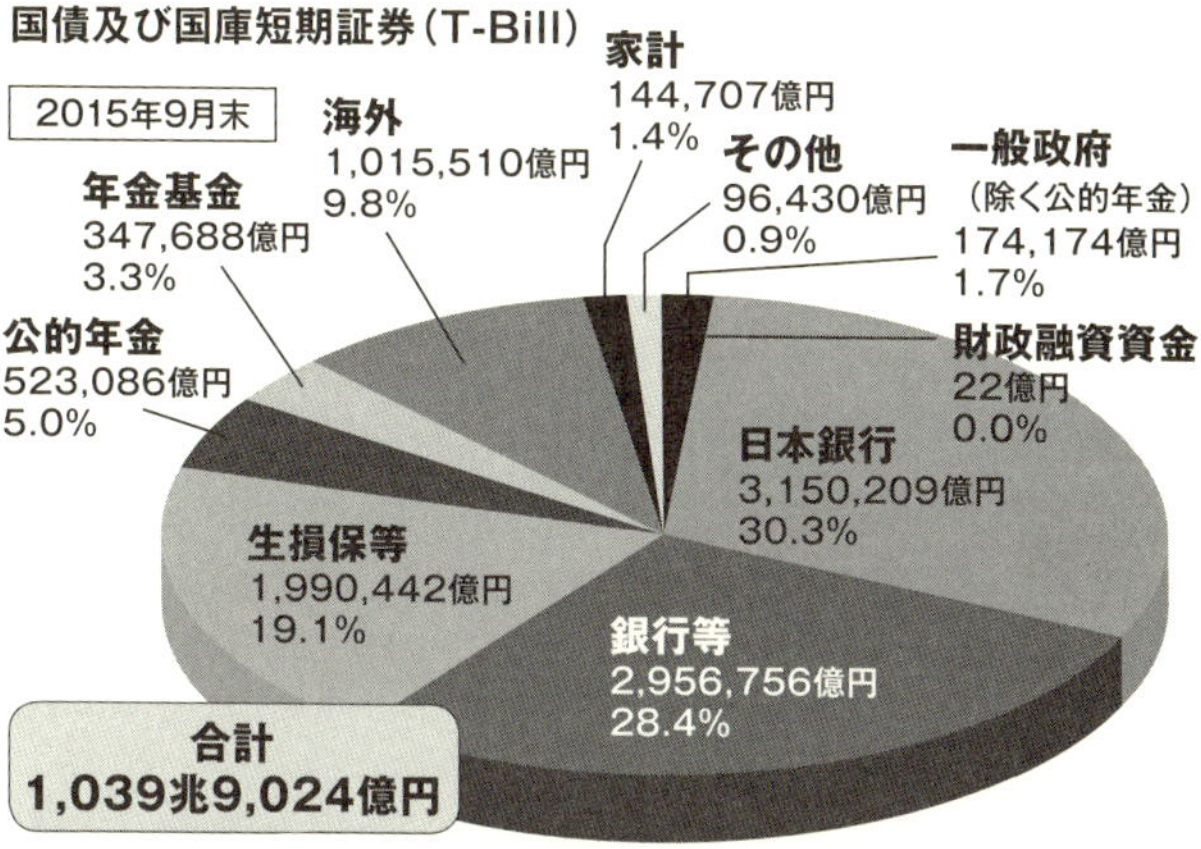

出所:日本銀行 資金循環統計
注1:「国債」は財投債を含む。「割引短期国債（TB）」は、平成21年2月より「政府短期証券（FB）」と統合し、「国庫短期証券（T-Bill）」として発行している。
注2:「銀行等」にはゆうちょ銀行、「証券投資信託」及び「証券会社」を含む。
注3:「生損保等」はかんぽ生命を含む。

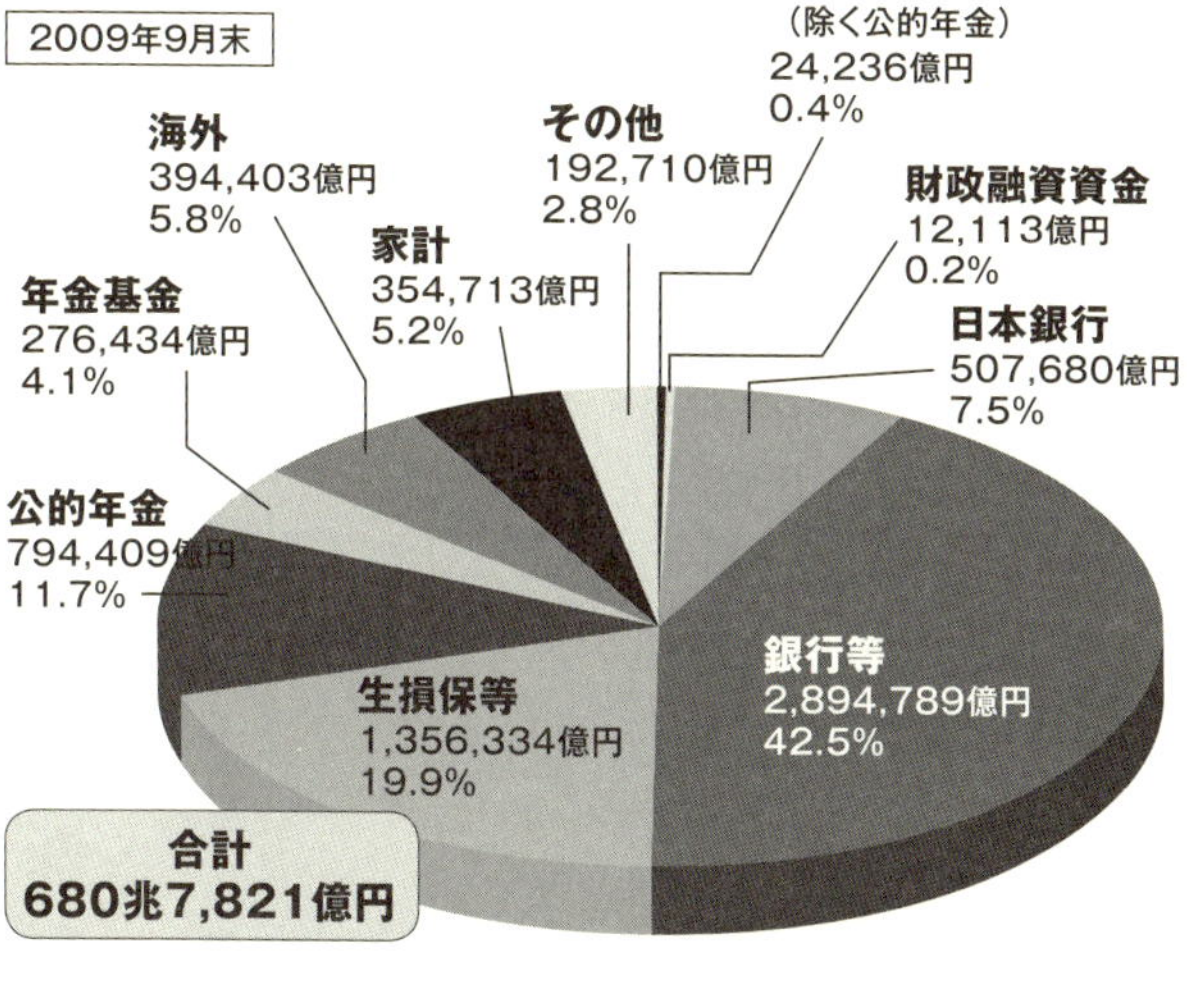

●財投債……14兆円
●復興債……2兆9000億円

前ページのグラフは、その日本国債を誰が保有しているのかを示したものだが、昨年とその6年前の状況が比較できる。注目すべきは、日本銀行の存在だ。日銀の国債保有比率は全体の7・5%だったのが、わずか6年間で30・3%に拡大している。その反面で、銀行の保有比率が42・5%から28・4%に大きく減少している。

2013年4月から始まった異次元緩和によって日銀の国債保有比率が急速に高まった、ということだ。アベノミクスの一環として、日銀は年間80兆円を超える国債を買い入れてきた。3年足らずで300兆円を超える国債を保有する「債権者」になってしまったわけだ。

これまでの国債は銀行の預金や生命保険の運用資金を原資として賄ってきたわけだが、少なくともここ数年は日銀が国債市場に割り込んできた形だ。いうまでもなく、異次元の量的緩和のためだが、銀行や生保会社が安定収入として依存してきた国債投資を取り上げることで、国債以外の運用先に投資するように誘導したと考えていい。

　これまでの日本は、世界でもトップクラスの「貯蓄率」の高い勤勉な国民性だったことも幸いして、銀行には潤沢な預金があった。国民の潤沢な貯蓄が銀行や生保会社などに預けられることで、銀行や生保会社も莫大な資金を運用する必要に迫られた。そのニーズに応えたのが、リスクのほとんどない「国債」だったわけだ。国債を買っておけば、利ザヤが取れたのだ。

　ところが近年、頼りの貯蓄率が減少傾向にあり、国債の資金源として今後も維持できるのか、疑問が持たれてきている。さらに、ゆうちょ銀行やかんぽ生命なども、民営化の道を歩き始めて、国債だけで運用していけばいいというわけにもいかなくなった。株式を公開したとなれば、もっと利益率の高い資産で運用するように株主から求められることになる。

　そんな折に、2014年12月に発表された「家計貯蓄率」の数値に注目が集まっている。内閣府が発表した数値だが、日本の家計貯蓄が2013年度にはマイナス3兆7000億円となり、家計貯蓄率もマイナス1・3％になった。日本の家計貯蓄がマイナスになったのは、統計がスタートした1955年以来のことであり、戦争中でさえもプラ

●内閣府の国民経済計算における「家計貯蓄率」

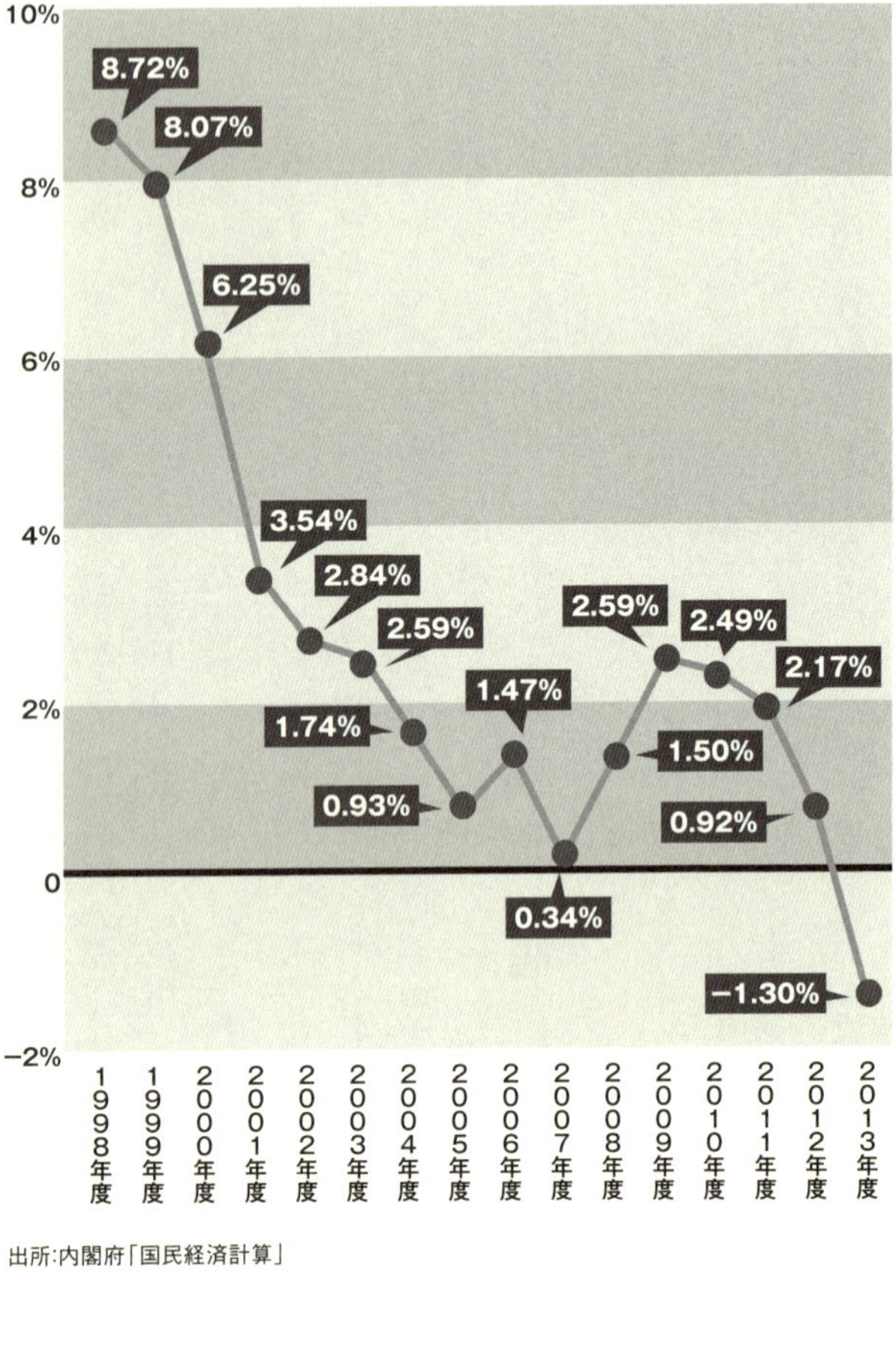

出所:内閣府「国民経済計算」

スだったといわれる。

これまで国債は、1600兆円を超える家計の金融資産により、銀行や生保、郵便局を通して買われてきた。その家計の金融資産が、マイナスに転じる可能性が出てきたわけだ。

財政赤字の利息は、今後も雪だるま式に増えていく一方だ。唯一頼りにしていた銀行や生保を当てにできない、財務省など官僚の一部と安倍政権が考え抜いた挙句に選択したのが、本来タブーとされている中央銀行による国債買い上げだったと考えても不自然ではないだろう。潤沢な資金を必要とする国債市場を維持するために中央銀行を活用するのは、最も効果的な方法ではある。しかし、歴史的に見ても、最もやってはいけない選択だったともいえる。

銀行が支えている日本国債は綱渡り状態

もう少し、詳細に説明しておこう。

家計の貯蓄率がマイナスになったということは、これまで蓄えてきた貯蓄を取り崩していく局面に転換したということだ。言い換えれば、これまで日本国債を買い支えてきた銀行預金が、今後は減少していくことになる。

ゆうちょ銀行とかんぽ生命を子会社に持つ日本郵政の場合、グループ全体の財務諸表を見ると、国債を中心として216兆円（2015年9月末）もの有価証券を保有している。ゆうちょ銀行単体でも92兆円（同）に達する。

ゆうちょ銀行とかんぽ生命は2015年に株式上場を果たして民間の金融機関になったわけだが、政府の無駄遣いを止める目的で、小泉政権時代に民営化を果たしており、いずれは日本国債に依存した運用からの脱却を目指すことになる。日本郵政グループが果たしてきた役割を、アベノミクスは日銀に肩代わりさせているわけで、結局小泉政権時代の目的は何ひとつ果たされていないことを意味する。

それ以外のメガバンクも、ここにきて国債離れを強いられている。たとえば、三菱UFJフィナンシャルグループは国債だけで29兆円超を保有（2015年9月末現在、以下同）、みずほフィナンシャルグループは15兆円、三井住友フィナンシャルグループも11兆円を保有している。

●主要銀行の国債保有残高（2015年9月末）

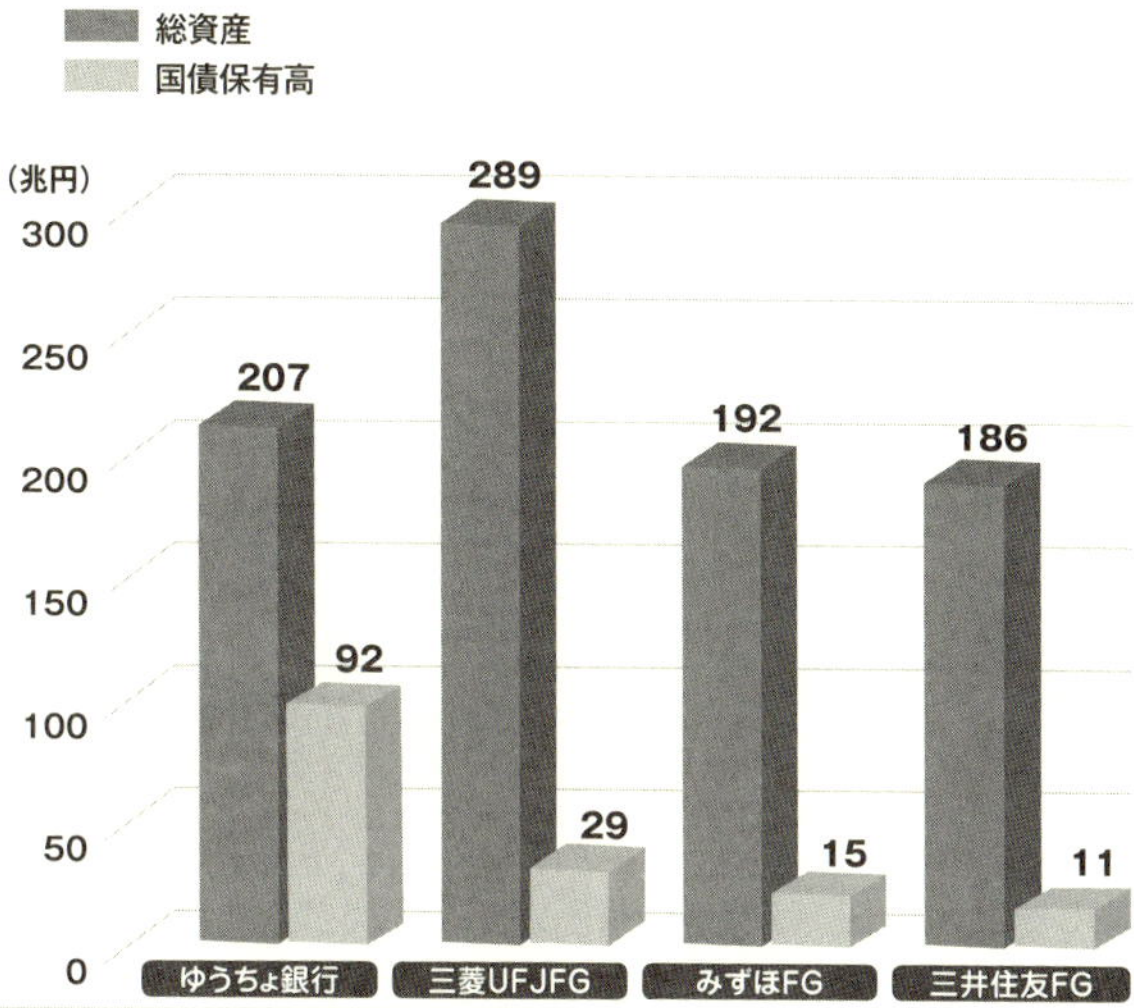

	ゆうちょ銀行	三菱UFJFG	みずほFG	三井住友FG
総資産	207	289	192	186
国債保有高	92	29	15	11

出所：各行の「決算短信・決算説明資料」より

そもそも、ゆうちょ銀行以外の民間銀行も、気が付いたらいつの間にか大量の国債を保有していたわけだが、次のような理由で日本の金融機関は国債に依存した運用姿勢を定着させてしまった。

①融資先がなく日本国債に投資

現在の銀行は、企業に資金需要が少なく預金が余っている。現実に銀行は預金が企業などへの貸出金額よりも236兆円（東京商工リサーチ、2015年3月期）も多く、銀行内部では「金余り」の状態が続いている。企業側でも上場企業の預金・現金（内部留保）は354兆円（財務省法人企業統計、2014年度）。銀行から借りる必要はない。

その一方で、銀行からの融資依存度が高い中小企業は、信用力に問題があり、銀行がなかなか融資したがらない。結局、銀行は企業への貸出よりも日本国債へのウエイトを高めるしかなかったわけだが、アベノミクスによって日銀が市場から大量の日本国債を吸収してしまったために、現在は投資先を模索している最中といっていい。

②国債のリスクウエイトは「ゼロ」？

銀行には「ＢＩＳ規制」と呼ばれる国際的に統一された投資の縛りがある。銀行が倒産しないように「自己資本比率」を確保するように義務付けられているのだが、その場合「政府系の資産」であれば、損失を出すリスクを計上しなくていいことになっている。言い換えれば「国債はリスクウエイトがゼロ」ということだ。つまり、これまでは自己資本比率といった経営基盤に関わることを気にせずに、無制限に国債を保有することができたわけだ。しかし、2015年を境に順次BIS規制が強化されることになっており、こうした事情から、今後は国債に投資を続けることが難しくなってきている。

③国債に偏った運用は「資金の需要不足」?

国債は金融マーケットで売買されており、いつでも好きなときに売買ができる。日本国債は投資対象商品として十分に魅力的な商品であり、いつでも自由に売買ができる「流動性」の高い投資商品だ。

実際に、銀行の決算書を見ると、大半の国債が満期まで保有する意思のない債券に分類されていることがわかる。つまり、銀行はいつでも転売するつもりで、大量の日本国債に投資しているということだ。言い方を換えれば、銀行は国債で運用しているわけであって、将来性有望な企業を審査して融資するよりも、簡単に利ザヤを取れる金融商品として投資しているにすぎない。

日本の金利が跳ね上がって、国債価格が暴落すれば、銀行は一斉に国債を売ってくるわけで、売りが売りを呼んで、大暴落＝金利急騰となり、最悪日本政府は国債の償還や利払いができなくなって、債務不履行を起こす可能性が高い。

金融マーケットで国債価格が動くメカニズムは、まさに需要と供給の関係で、国債を売りたいと思う人が多ければ、価格は下落していく。価格が下落すれば、新規に国債を発行する場合は金利を高くして魅力ある商品にしないと販売できないから、金利を高く設定する必要が出てくる。したがって、金利は上がっていく。

逆に、国債を買いたいと思う人が増えれば、既発債はもともと高い価格で売買されているために、価格上昇に拍車がかかり金利はさらに下落していく。新発債も金利を上げなくても、国債を買おうという人が多くなり、金利は下落傾向になる。アベノミクスでは日銀が凄まじい勢いで国債を買い上げてしまうために、金利は史上最低レベルになる。しかも、マイナス金利の導入で市場メカニズムは機能しなくなる。

国債も金融商品のひとつであり、いわゆる「ソブリン債」の一種だ。ソブリンというのは、政府や公共機関が発行する債券の一種で、国債や政府保証債といった種類のものが中心になる。２０１０年にギリシャの国債が債務不履行を起こすかもしれないという「ギリシャショック」が起きたが、そのときに使われたのが「ソブリンリスク」という言葉だ。

日本国債は、まさにこのソブリンリスクが高まっているわけで、最近になって海外の投資家から、日本国債についてのソブリンリスクが指摘されるようになってきた。前述したように銀行が日本国債を購入する余力がなくなる前に、アベノミクスという異次元の金融緩和が始まってしまい、日本の国債マーケットは新発債の7割以上を日銀が買い取ってしまうという異次元のマーケットになってしまった。市場原理がきちんと機能しているのか、かなり疑問といっていい。

ある証券会社で国債の売買業務を行っているスタッフに話を聞くと、「日本国債はずいぶん前から実質的に価格操作されている」と証言している。

円高が急激に進むときに、政府はしばしば為替介入を行うが、日本国債も同じような形で「介入」されている状態というわけだ。むろん、国債の場合は、為替介入のように財務大臣が日銀に指示して円高を阻止する、というシステムがあるわけではない。すべては「闇の中」だが、大量に出回っている日本国債も、政府としてみれば、その価格が暴落して、金利が跳ね上がっては困るからだ。

一方で、常に暴落の危機に直面しながら、大量の日本国債を抱えている金融機関にとって、日本国債への投資は経営の安定にはつながらないことがはっきりしている。たとえば、日本経済が奇跡の復活を遂げて、融資を望む企業が飛躍的に増えたとしよう。おそらく、銀行はまず日本国債を売却して、その資金を企業に融資するはずだ。

現在の日本国債の金利は２０１６年２月から実施されたマイナス金利政策により、10年物の長期国債でマイナス０・０６％(２０１６年４月７日)。一方、企業に融資すれば、最も低金利の「長期プライムレート」でも０・９５％（２０１６年３月10日）になるし、個人向けの住宅ローンなども手数料込みで１％前後。日本国債に投資するよりも、銀行本来の業務である企業や個人に融資して、その利ザヤを稼いだほうがビジネスとしてよくなるからだ。

いずれにしても、銀行が日本国債に投資してきたのは、経済情勢や財政事情によるところが大きい。日本政府がこれだけの財政赤字を膨らませることができた背景には、〝民間会社〟である銀行の資金があった。しかし、その銀行もいずれは生き残りをかけて、国債投資から離脱する日がやってくるはずだ。

債券市場最前線の専門家はこう見ている

日本国債は本当に暴落するのか。専門家はどう見ているのだろうか。1985年のプラザ合意以前から債券市場の最前線に携わってきたというある外資系証券会社の債券部営業担当者はこんな証言をしている。

「本来、債券市場にはいわゆる現物市場や先物市場といった表に出ている取引と、デリバティブ取引などのレバレッジを効かせた表には出てこない2種類の取引があります。市場規模としては、表に出ている部分の先物取引だけでも1日2兆〜3兆円の出来高があり、極めて巨大なマーケットといえます。

現物国債の取引は、2年物、5年物、10年物、20年物はそれぞれ毎月数兆円規模の新規発行があり、その新規発行分（カレント国債）は『プライマリー・ディーラー』と呼ばれる業者が入札して落札します。日本国内では22社が登録されていますが、プライマリー・ディーラーは毎日のように数千億～数兆円といった規模の国債を売買し、それを公的金融機関、大手銀行、生命保険会社といったセクターと売買しています。これを『セカンダリー・マーケット』といいますが、国内投資家の大半は国債を買ったあとはそのまま金庫に入れてホールドするのが一般的です。

外国人投資家の現物の保有残高は、以前は5％程度ですが、現在では10％を超える保有高になっています。とりわけ、債券市場で頻繁に売買を行う『回転売買』は外国人投資家がメインディーラーといえます。投資家別売買動向で見ると、現物市場では国内投資家が多いものの、先物市場やデリバティブ市場では外国人投資家の存在感が目立っていると考えていいと思います。

ただ、現物市場で見てみると、一度発行された国債というのはそのまま金融機関の金庫の中に保有されて、マーケットに出てこないケースが非常に多い。日本の公社債は1000兆円超の発行残高があるわけですが、過去に発行されたものはほとんどそのまま金融機関の金庫に眠っているだけで、マーケットには出てこない。国債市場といっても、常に700兆円も、800兆円も流通しているわけではないんです。

債券の流通量を世界的に見れば、日本は世界第2位で市場規模は約14兆ドル（2012年3月現在）。1位は米国（約26兆ドル、同）、3位はフランス（約3兆ドル、同）ですが、3位以下の市場と比べると日本と米国は極めて巨大なマーケットを形成しているといえます。

日本国債の場合、公的金融や大手銀行という圧倒的な資金力を持つ投資家がおり、これらで300兆円を超える金額となっています。

国債をリスク資産として考えるかどうかは議論の余地があると思いますが、この業界にいる人間から見ると、日本国債に対する様々な不安材料、たとえば1600兆円といわれる個人資産の減少や高齢化の進行で貯蓄率が低下しており、金融機関の国債を買うための原資が枯渇するのではないか、金融機関も経営戦略という面で国債に偏りすぎており修正してくるのではないか、といった不安材料が世間ではよく指摘されています。

しかし、実は国債のマーケットにいる人間で国債の暴落を心配している者は皆無に近いと思います。私どもは金利で債券を見ていますから、現在の日本国債は低金利で非常に安定しており、日本国債暴落の可能性はほとんどないと考えています。長期金利が上昇しそうになると、これらの金融機関が一斉に国債を買い支えてしまうために、金利の上昇はストップします。長期金利の上昇懸念が少ない債券相場というのは、極めて安定していると考えていいんです。

ただ、リーマンショックや東日本大震災など、最近は『想定外』のことがよく起こりますから、暴落の可能性がまったくないとは言い切れません。現在の日本国債マーケットは財務省や日銀の管理下で、外国人投資家も含めて極めて特異なマーケットを形成しており、ある意味で徹底的に管理されています。将来的に、外国人投資家がもっと大きな存在になってくれれば別ですが、現状では極めて安定的に統制された市場といえます。

確かに、かつて『セル・ジャパン（日本売り）』の動きがマーケットであったことも事実ですが、海外のヘッジファンドなどが動いても90％の国内投資家が保有する日本国債が一斉に売りに出されるような事態は考えられません。業界でも、ときどき日本国債が一斉に売り浴びせられたらどうなるんだろうということは話題になりますが、たとえば欧州諸国のユーロ債とか米国国債でも、中国や中東の投資家が資金を出して救いました。

日本国債のような巨大なマーケットが崩壊してしまったら、ほかの国の投資家にも大きな影響が出てきます。そうした影響を避けるという意味でも、海外の投資家が日本を救うはずです。むろん、ＩＭＦ（国際通貨基金）も動き始めます。

さらに、現在の金融工学ではアービトラージ（裁定取引）が普及しており、下落したからといってすべての投資家が損失を出すわけではありません。円安、株安、債券安というトリプル安の事態になったとしても、一部の投資家は積極的に『売られた債券』を買ってくるはずであり、一直線で下落するだけのマーケットにはなりにくい。そして、国内の金融機関を中心に全力で買い支えると考えていいと思います。

日本国債は、財務省が毎日のように新発債を数兆円単位で発行しており、それを引き受けるのが、我々プライマリー・ディーラーの仕事です。現在の日本の国債市場は、少なくとも最近までは国債の入札を行うプライマリー・ディーラー、そしてプライマリー・ディーラーが引き受けた国債を売買する銀行など一般の金融機関（セカンダリー・マーケット）、ともに盤石な仕組みができていました。日銀の積極的な国債買い入れがいつまで続くのかはわかりませんが、大手銀行や公的金融、生保といったセカンダリー・マーケットの金融機関は、日銀などの豊富な資金供与をバックに十分な資金力を持っているのが現実です。

ただし、まったく可能性がゼロなのかというと、断定はできません。東京電力福島第一原発の1号機から4号機までがそろって再臨界して水素爆発でも起こせば、それこそ本格的な日本売りが始まってしまうかもしれません。何が起こってもおかしくないのがマーケットですが、少なくとも日常的な状況が続く限りは、日本国債市場は盤石です」

（取材は2011年、数値等は最新のものに変更しました）

「格付け会社」が心配する日本国債

債券市場の現場にいるプロたちにとっては、債券市場の暴落＝金利の上昇は想定外なのかもしれない。とりわけ現在の状況はアベノミクスが始まって以後、日本国債の金利は歴史的な低さを保っており、中央銀行が管理している債券マーケットとして安心感はある。とはいえ、その反面で将来に対する不安感も半端なものではない。日銀が現在の

「量的・質的金融緩和政策」から脱却するときに、日本国債は一斉に売られてしまうのではないか。金利が跳ね上がり、国債は暴落するのではないか……。

ギリシャショックの日本版「ジャパンショック」が起こるかもしれない。そんな心配がまったくないとはいえないということだ。「米国の金利引き上げ」「原油安」そして「中国株安」のトリプルショックで2016年初頭から株式市場が大きく下落した。金利もやや上昇したものの、相変わらず日本株の変動幅の大きさが目立った。ショックの発信源である米国や中国よりも株価が大きく下落する日本の株式市場に対して、改めてその危うさを意識した投資家が増えたはずだ。

株価の脆さと同時に、債券市場にも疑惑の目が向けられる。日本政府が、どんどん財政赤字を膨らませていく状況の中で、当然のように国内外の投資家や金融関係者は、大量に発行されている日本国債のソブリンリスクを心配するようになる。

債券市場の不安というのは、格付け会社の格付けである程度予知できる。格付け会社は、もともと債券がデフォルトを起こす確率を評価するための民間会社で、その債券の安定度が、現在どんなものなのか、あるいは将来的にどうなるのかを記号で示す役割を担っている。デフォルトというのは、元本の償還や利息の支払いが停止したり、繰り延べになるリスクのことで、「トリプルA（AAA、Aaa）」を最高レベルとして、「ダブルA」「シングルA」「トリプルB」「ダブルB」という具合に格付けされていく。

トリプルAは、ほとんどデフォルトの可能性がなく、トリプルBまでは比較的安全で、「投資適格商品」として認められる。ところが、ダブルB以下になるとデフォルトの可能性は高くなり、「投機的格付け」として評価される。

格付け会社の影響力は極めて大きく、ギリシャショックに始まった欧州のソブリンリスクも、格付け会社の格付けが次々に引き下げられたために、確定的になったといっていいだろう。かつて、1997年に起きた日本の金融機関の連鎖破綻のときも、山一証券の息の根を止めたのは格付けの急激な引き下げだった。ほかにも、急激な格下げによって経済危機を招いたケースは枚挙にいとまがない。

世界的に有名な格付け会社は大手3社で、米国に拠点を置く「ムーディーズ・インベスターズ・サービス」「スタンダード・アンド・プアーズ（S&P）」、そして英国の「フィッチ・レーティングス」。これらの格付け会社がどんな評価を下すかで、債券価格は大きく乱高下する。

ずっとトリプルAを維持してきた国債の格下げによって引き起こされた2011年8月の米国債ショックも、その一例だ。

米国のサブプライムローンに端を発した世界同時経済危機に対し、米国政府は大量の米国国債を発行して事態の収拾を図った。莫大な財政赤字に陥ることを覚悟のうえで、非伝統的量的緩和政策（QE）を実行したのだ。もともと、米国は「双子の赤字」と呼ばれる財政赤字と貿易赤字に苦しんできた国家だったが、クリントン政権時代に財政再建を果たして、ある程度は復活させることができていた。

ところがブッシュ政権以降、米国同時多発テロ事件やイラク戦争などが重なって出費がかさみ、さらにサブプライムローン問題で莫大な出費を余儀なくされてきた。そんな状況から、S&Pが2011年8月5日、これまでトリプルAの座を揺るぎないものとしてきた米国国債をはじめて「ダブルAプラス」に引き下げた。米国発の経済危機は一応の決着がついたものの、財政再建への取り組み方が不十分として格下げに踏み切ったのだ。

もっとも、米国国債というのは「基軸通貨国」である米国が発行している債券である。基軸通貨国ということは、米ドル紙幣を印刷してどんどん流通させることが可能だ。そういう意味では、米ドルの価値が下落して米ドル安になることは避けられないものの、たとえばチャイナショックや原油価格崩壊といった、世界を揺るがす事態になったときには「質への逃避」として一斉に米ドル建ての資産が買い戻される。同様になぜか日本円も買われるのが常だ。

しかし、日本国債は米国国債のようにはいかない。基軸通貨ではないから、財政赤字を消化するために、どんどん円を印刷して市中に発行していけば、円の価値が下がってしまい円安になってしまう。日本円が「金本位制」でも採用しない限り、どこまでも下落してしまう可能性がある。

もともと日本円は、太平洋戦争前までは「1ドル＝1円」をベースに為替相場が展開されていた。しかし、太平洋戦争で負けて、貨幣価値が変わってしまったために、1ドル＝360円から再スタート。そのあとは、ずるずると円高が続いて最高値で1ドル＝76円25銭（2011年8月12日）まで円高になった。この円高基調が反転して、たとえば1ドル＝360円を超えてさらに下落する可能性も、金融マーケットである以上否定はできない。エコノミストの中には1ドル＝1000円を予測する人もいる。

このような為替の変動は過去の歴史から学べば、ロシアのように2万分の1になる場合もある。いわゆる「ハイパーインフレ」を経験した国の通貨は、みんな「万分の1」の単位の安値になっている。

米ドルや日本円、そして米国国債や日本国債もその流動性の大きさから、いつでも売買ができるというメリットがある。そのために、海外投機筋が「資金の逃避先」として米ドルや円、それぞれの国債を選択するケースが多い。アベノミクスによる量的緩和政策によって、日本円は80円台から一気に120円台まで円安が進行したが、まだ円に対する信認が大きく、120円台半ばまででとどまっている。1ドル＝125円を超えたあたりで、日銀の黒田総裁が「これ以上の円安は想像ができない」と発言、1ドル＝125円が「黒田ライン」といわれて、125円を超える円安は難しくなった。

本来、アベノミクスの金融政策からすると円安がどんどん進んで、株価が高くなってもらわなくては困るのだが、125円を超えてしまうと制御できない急激な円安が進むかもしれない。そんな不安があったからだと思われるが、その背景には1000兆円を超える財政赤字があるのは間違いない。

そんな日本政府に対して、大手格付け会社はそろってアベノミクス開始直後に日本国債の格下げを実施している。前述したように、S&Pは2015年9月に「AAマイナス」から「Aプラス」に引き下げたが、ムーディーズ、フィッチはその前に行動を起こして日本国債を「シングルA」に下げている。

シングルAといえば、韓国や中国よりも下であり、アベノミクスが失敗に終わり、今後の日本国債に対する信頼度が低下していると指摘している。以下、これまでの大手格付け会社の日本国債に対する姿勢について、簡単に解説しておこう。

●ムーディーズ……東日本大震災の影響などで2011年8月に「Aa2」の格付けを「Aa3」に引き下げたものの、2014年12月になって再度「A1」に格下げ。2011年は天災が原因だったが、2014年の格下げでは明確に「財政赤字削減目標の達成が不確実」「アベノミクスのタイミングと効果に疑問」「中期的な日本国債の利回り上昇リスクが高まっている」と、アベノミクスの失敗を予測して格付けを下げている。

消費増税に耐えられない日本経済の弱さに失望したともいわれるが、ムーディーズの格下げはGDP比250％にも達する財政赤字を解決するには、社会保障制度改革と経済成長の上昇を同時に達成する必要があり、アベノミクスでは不十分だとしている。

●S&P……2015年9月に行われた日本国債格下げは、2011年1月以来、4年8カ月ぶり。日本国民の一人当たりの平均所得の減少、デフレ脱却が思うようにできていない、巨額の財政赤字などを理由に挙げ、アベノミクスの失敗を指摘している。この格下げで、日本国債は「Aプラス」とし、中国（AAマイナス）や韓国（AA）よりも低くなった。

●フィッチ……3大格付け会社の中では先陣を切って、2012年5月に「Aプラス」にまで格下げしていた。2015年4月になって「Aプラス」からさらに「A」に格下げをした。格付け会社によって格付けの定義は微妙に変わるが、S&Pやムーディーズよりも1ノッチ低い格付けといっていい。理由は、やはり成長に不安があって、金利変動への許容度が低い。とりわけ、安倍政権が予定している法人税の引き下げは、債務負担に対応できる歳入が確保できるのか不透明、と指摘している。

「CDS」の上昇でもわかる日本国債の危機

格付け会社が企業や国家の命運を握っていることは最近、あまり意識されなくなってきた。以前のように、ある日突然格下げを発表して、企業や国の財政危機が一気に表面化してパニックになる、といったことを回避するために、格付け会社も細かな格下げをするようになったからだ。

さらに、最近では「CDS（クレジット・デフォルト・スワップ）」と呼ばれるクレジットデリバティブ市場での数値が、国債などの危機を事前に知らせてくれるようになってきた。CDSは簡単にいうと、その債券に何かがあって損失が出た場合の保険の一種で、いわゆる「信用リスクを回避するためのデリバティブ取引」の一種だ。

日本国債も、CDSの変動によってその危機の状態がわかる。現在（2016年1月）はまだ50ベーシス（0・5％）前後だが、これが700〜800ベーシス（7〜8％）程度になると、自力では正常な状態に戻せないといわれる。

かつて、ギリシャショックなどの欧州危機が世界経済を襲ったときにも、ギリシャやスペインなどのソブリン（国債）のCDSが急騰して、金融危機が表面化した。国債などの債券市場では、CDS市場の動向をきちんと把握しておくことが、自分の財産を守るうえで大切である。

前述したように、日本の金融市場というのは、国債市場はむろんのこと株式市場でさえも「7頭のクジラ」によって支えられているといわれる。7頭というのは、日銀をはじめとしてGPIF（年金積立金管理運用独立行政法人）、ゆうちょ銀行、かんぽ生命、国家公務員共済組合連合会（KKR）、地方公務員共済、私学共済の「公的マネー」のことだ。総資産額800兆円という巨大な公的マネーだが、それらのクジラが現在、500兆円程度の国債を保有しているといわれる。

これら7頭のクジラが、日本国債を支え、株価を無理やり上げてきた「犯人」だが、好景気にならずに税収も増えなければ、やがて資金が枯渇する。そうなれば潤沢な資金を持つ外国人投資家が国債保有者となり、やがて儲けるためなら「ショート（売り）戦略」も行う。日本政府のデフォルトは決して遠い話ではない。

第2章

日本炎上！
そのとき年金生活者はどうなる

「日本政府は破綻しない、債務不履行もない」というウソ

1054兆円、GDPの約2・5倍という大借金を抱えても、なお日本政府の財政再建の道筋が見えてこない。第1章では、その財政赤字を支えているのが銀行や生損保といった民間金融機関、そして「クジラ」と呼ばれる公的マネーあることを紹介した。

ここでは、日本国債が将来どうなるのか。どんなリスクを持っているのか、我々の生活にどんな影響をもたらすのか。仮に、日本政府がデフォルト（債務不履行）を起こすとしたら、それはどんな状況で起こるのか、といったことについて見ていきたい。

現在、エコノミストなどの間では「このままでは日本政府は破綻する」という考え方と、「日本政府は破綻もしなければ、国債の安全性も高い」という、両極端の考え方に分かれている。

日本政府は破綻しない、という論を張っている人の特徴は、公認会計士や中小企業診断士といった「バランスシートでものを考える人たち」が多いことだ。仮に、日本国債がすべて相対取引で売買され、特定の投資家が買っている（投資している）状況であれ

ば、バランスシートで日本政府を見て、「まだ債務超過に陥っていない」とか「債務超過だが大した金額ではない」と判断するのも理解はできる。

しかし、企業にも「黒字倒産」という言葉があるように、莫大な資産を持っていても、バランスシートが健全であっても、経営破綻するのは瞬間的に資金ショート（不足）を起こして倒産するケースがほとんどだ。債務超過に陥っていないから、破綻はしないという論調は、「最初に結論ありき」でこじつけたロジックにすぎない。こういうロジックにだまされて、何も準備をしないことが実は一番怖いのだ。

日本国債などのソブリン危機は、本来はその国の通貨建てで発行しているものであれば、どんどん紙幣を印刷して償還金や利息を支払えばいいわけで、紙幣の発行権を握っている中央銀行を政府がコントロールできてさえいれば問題はない。デフォルトなどありえないのだ。

しかし現実には、大量に発行されている日本国債が最終的にどうなるのかを考えなければ、日本の将来は予測できない。そのカギを握っているのは日本国債が売買されている金融マーケットである。そもそも、日本の金融市場というのはバブル崩壊以後、いわゆる「リスクマネー」と呼ばれるグループによって弄《もてあそ》ばれ、何かあるたびに日本国民の資産が奪われていった。

マーケットの存在を無視しては日本国債を語れないし、リスクマネーの存在を知らずに経済は語れない。

たとえばギリシャショック後、ギリシャやポルトガル、アイルランド、イタリア、スペインといった「PIIGS」と呼ばれた債務の多い欧州諸国が、格付けの下落でマーケットからの資金調達が難しくなり、やむを得ずEU（欧州連合）加盟国がお金を出し合って「EFSF（European Financial Stability Facility＝欧州金融安定ファシリティー）」を設立。各国の国債が暴落したり、デフォルトを起こすことを未然に防いだことがある。それでも、金融マーケットはしばしば「ユーロ安」という形で、波乱を起こして通貨や株式市場を揺さぶった。

しかし、ギリシャやイタリアの財政赤字がすごいといっても、GDP比で100%台である。にもかかわらず、欧州のソブリンリスクはユーロ危機に直結し、大きなリスクとして報道された。特に、スペインやポルトガルといった一定の大きさのGDPを持つ国の大量償還などが迫り、金利が上昇してユーロが不安定になった。ソブリンリスクがあれほど意識された時期もあまり例がない。

ところが、GDPの240％にも達する財政赤字がある日本は、何かあれば逆に円が買われて円高になっていく。2010年6月にカナダで開催されたG20（主要20カ国首脳会議）では、ギリシャなどのソブリンリスクを受けて「日本を除いて、2013年までに現在の財政赤字を半分に減らすこと」に合意している。

サブプライムローン問題やリーマンショックによって起こった「世界経済危機」は世界中を混乱に陥れたが、その解決策として主要国がそろって非伝統的な財政支出を行った。しかし、その反動でソブリンリスクが表面化。それを解決するために、G20が財政再建で合意したというわけだ。

つまり、世界各国は財政赤字に対して、非常に敏感になっている。にもかかわらず、日本だけがなぜ財政赤字を放置できるのか。日本ほどではないにしても、同じく巨額の財政赤字で苦しむ米国も、G20で財政健全化に取り組み、2013年までに現在の財政赤字を半分に減らすと約束したのだ。ちなみに、いうまでもなく日本も含めて約束はほとんど守られなかった。

米国は国債の発行に上限を設けて、その上限拡大を共和党が猛反対するなど、財政赤字の拡大に対して敏感に反応している。格付けもトリプルAから引き下げられた。

米国や欧州諸国と日本が異なる点といえば、世界最大級の「債権国」であることだ。日本は東日本大震災以前までは貿易黒字が続き、外貨準備高も1兆2453億ドル（2015年3月末）と潤沢にある。世界最大の債務国である米国に対しても、日本はコンスタントに米国国債を買い続けてきた。最近は外貨準備高3・8兆ドル（同）を積み上げる中国のほうが順位は高いが、それでも豊富な外貨があることは確かだ。

つまり、ソブリンリスクは「外貨」と大きな関係がある。米国が、莫大な財政赤字を放置できるのも、米ドルが基軸通貨であり、「外貨＝米ドル」であるためだ。どんなに財政赤字が積み上がっても、米ドル紙幣を印刷すれば米国国債の償還もできるし、利払いもできる。振れば小判が出てくる「打ち出の小槌」を持っているようなものだ。

一方で、ギリシャやポルトガルは「ユーロ圏」の一員であり、ユーロ圏全体の連帯責任のような形になっている。ギリシャ、ポルトガル、スペインで何かが起これば、ユーロが売られて、ユーロ安となり、インフレ懸念が出てきてしまう。ユーロの価値が下がれば、それだけ資金繰りに苦しむことになり、国債の償還もままならなくなるからだ。

そういう意味では、国内で消化されている限り、日本国債も安全なのかもしれない。しかし、日本は米国のように基軸通貨という打ち出の小槌を持つわけではないし、欧州のように互いに助け合う仲間がいるわけではない。

日本国債は、まさに綱渡りしながらかろうじて円の価値を守っているという状況だ。そして、国債の資金繰りを外国に頼るようになり、頼りの外貨も減少していけば、そのときには日本国債のデフォルト懸念が頭をもたげてくるというわけだ。

日本国債の未来はマーケットが決める

17世紀初頭、当時の債権大国だった都市国家「ジェノバ」は、地中海貿易で栄え、世界の金融センターになっていた。1610年代の10年間は長期金利が1%台で推移。1619年には1・125%にまで下落していく。

しかし、そんな栄華も当時の世界の王者だったスペインの衰退で、信用リスクが急速に高まる。スペインの栄華を繁栄の糧としていたジェノバにも、当然信用リスクが波及。1625年までの6年間で4%も金利が上昇したと記録されている。そして、1627年にスペイン王家がデフォルトを起こして、ジェノバも没落していく……というストーリーだ。

現在の日本の長期金利は、マイナス金利政策により10年物の国債利回りでマイナス0・06%（2016年4月7日）だ。過去10年ずっと2%を下回っている。ジェノバを日本、スペインを米国に置き換えれば、我々の未来も見えてくる。

前述した「世界最大級の債権国家＝日本の国債は安全」というロジックは、歴史的には間違いであることがわかる。ジェノバが、歴史的にわずかな間だけ栄華を誇ったという点でも、そしてスペインという当時の基軸通貨国の繁栄をバックに栄えたという点でも、現在の日本の姿とよく似ている。

ただし、大きな違いもある。当時の金融システムと現在のそれとでは格段に差があるということだ。現在の金融市場は、「グローバル化」が進み、情報が世界中で共有されている。しかも、株式市場や債券市場、為替市場、商品市場など様々な金融市場が互いに影響を与え合う「クロスマーケット化」が進んでいる。

　ジェノバのような状況が日本にも降りかかった場合、ゆっくりと崩壊していったジェノバと比べ、日本の崩壊は瞬間的に片がついてしまう可能性がある。たとえば、東日本大震災時もいずれは復興費用の調達のために、日本企業が外貨建て資産を売って円を買い戻すために「円高」が進むのではないかと予想された。実際に、大震災からわずか3日後、戦後の史上最高値である76円25銭をつけた。

　つまり、日本国債にそのシステムを崩壊させるような情報が流れたときには、一瞬にして金融マーケットが動く可能性があるということだ。それも、債券（国債）市場だけではなく、株式市場、為替市場が一度に大きく動く可能性が高い。日本にとって最悪のシナリオである株安、債券安、円安の「トリプル安」が起こる可能性が高いのだ。このシナリオの破壊力は、日本経済を壊滅状態にしてしまう可能性もある。

　むろん、株価や為替が大きく変動したときに、それらが原因で国債市場の暴落が起こる可能性も否定できない。現実に、東日本大震災では日本のトリプル安を狙って、ヘッジファンドが動いたといわれている。情報が公開されているわけではないから、真偽はわからないが、株価や為替の大きな変動に対応して、国債市場でも瞬間的だが金利が急上昇（価格は急落）した。すぐに、対抗措置がとられて金利は下がり、国債価格は戻ったものの、明らかに金融市場のターゲットのひとつであり、ジェノバの時代とは異なる「金融メカニズム」を見せつけられた。

日本経済を崩壊させるのは、大地震でもなければ津波でもない。ましてや戦争やテロでもない。リーマン・ブラザーズの破綻だけで、世界中の経済が麻痺したことでもわかるように、日本を破綻に導くとしたら「金融マーケット」に他ならない。マーケットの大きな変動が、一瞬にして日本経済を崩壊に導く可能性があるということだ。

ヘッジファンドが狙う日本の「トリプル安」

現在の金融マーケットは、「リアルマネー」と「リスクマネー」というカテゴライズをするとわかりやすい。リアルマネーとは、投資信託とか年金基金といった堅実な運用を求められる資金のこと。保険会社が運用する資金などもここに含まれている。長期運用を基本として、比較的堅実な資産運用を心がけるマネーと考えていい。

一方のリスクマネーは、ヘッジファンドもしくは銀行などの金融機関が行う自己勘定部門の資金のことだ。短期運用を基本として、積極的にリスクを取る投機的な運用を行うことで知られる。レバレッジ（てこの原理）と呼ばれる投資方法を用いて、さらにオプション、先物といった「デリバティブ（金融派生商品）」をフルに活用。少ない資金を集中的に投資して、大量の資金を動かす傾向がある。

いまや、このリスクマネーはヘッジファンドだけでも、リーマンショック前の2兆ドルを超えている。金融マーケットの動向はリスクマネーに握られているといっていいだろう。とりわけ、日本では外資系ヘッジファンドなどのリスクマネーに、先物やオプション市場の大半を握られ、日本の投資家の存在感は極めて薄い。

仮に、株式市場が1週間で10％も上昇したとしよう。ところが、よく見てみると、日本の東京証券取引所ではほとんど上昇していない。すべては米国の先物市場である「CME（シカゴマーカンタイル取引所）」の日経225の先物が上昇していただけだった、なんていうことが、実はよく起きている。

1週間で10％も上昇したことだけがクローズアップされて、株式市場には楽観ムードが漂う。個人投資家が、その楽観ムードに誘われて株式市場に投資するころには、相場は天井をつけてリスクマネーは利益確定をして逃げてしまう。個人投資家ははしごを外されて、高値掴みした株だけが残るというシナリオだ。つまり、日本の株式市場はCMEの先物市場によって支配されているということだ。

同じことが、実は債券市場にも起きている。大量の日本国債が売買されている東京証券取引所などの「債券市場」では、その先物市場である「国債先物オプション」市場に大きな影響を受けている。大きな影響を受けているというよりも「価格決定権」を握られている、といったほうが正しいだろう。

株式市場同様に、先物市場で価格が上昇すれば現物価格も上昇する。逆に、先物市場が下落すれば、現物価格も下落するというわけだ。問題なのは、この「国債先物オプション」市場の参加者の顔ぶれだ。

大阪取引所のデータによると、国債先物オプションの取引状況を見た場合、取引高や取引代金、契約金額ベースで見た場合、海外投資家が6割を占めていることがわかる。また、「国債先物取引」でも、60％を海外投資家が占めている。海外の投資家が、日本

●投資部門別 国債先物オプション取引状況

2015年12月（11/30-12/30）

プット（Put）

区分	取引高（単位）	構成比（%）	取引代金（万円）	構成比（%）
証券会社	18,159	18.98	120,985	19.96
銀行	16,952	17.72	108,420	17.89
生保・損保	0	0	0	0
その他金融機関	173	0.18	882	0.15
投資信託	369	0.39	2,079	0.34
事業法人	8	0.01	80	0.01
その他法人等	0	0	0	0
個人	31	0.03	275	0.05
海外投資家	59,988	62.70	373,441	61.61
合計	95,680	100	606,162	100

コール（Call）

区分	取引高（単位）	構成比（%）	取引代金（万円）	構成比（%）
証券会社	7,266	20.44	73,663	18.97
銀行	9,428	26.52	123,845	31.89
生保・損保	300	0.84	1,681	0.43
その他金融機関	10	0.03	134	0.03
投資信託	240	0.67	1,490	0.38
事業法人	0	0	0	0
その他法人等	0	0	0	0
個人	0	0	0	0
海外投資家	18,312	51.50	187,546	48.29
合計	35,556	100	388,359	100

注:集計対象は取引参加者の自己取引及び資本の額30億円以上の取引参加者の委託取引。
出所:大阪取引所

●投資部門別 国債先物取引状況

2015年12月(11/30−12/30)

区分	取引高(単位)	構成比(%)
証券会社	500,556	27.63
銀行	184,105	10.16
生保・損保	8,661	0.48
その他金融機関	4,336	0.24
投資信託	12,017	0.66
事業法人	1,049	0.06
その他法人等	0	0
個人	68	0
海外投資家	1,100,797	60.76
合計	1,811,589	100

出所:大阪取引所

国債の価格決定権を握っているという意味がわかったはずだ。言い換えれば、日本の国債を売って暴落させようと思えば、できるかもしれないということだ。

実際に、米国に「ヘイマン・アドバイザーズ」というヘッジファンドがある。このファンドの創設者であるカイル・バス氏は「日本破綻に賭ける男」として知られている。日本の円安、金利高に賭けている男として有名な人物で、これまでにも日本国債の先物や先物オプションで、日本国債売りを仕掛け続けているヘッジファンドを設定しているといわれる。

ヘイマン・アドバイザーズのほかにも、「グリーンライト・キャピタル」のデービッド・アインホーン氏、「ペレラ・ワインバーグ・パートナーズ」のダニエル・アーベス氏なども、日本国債市場が破綻した場合に利益が出る投資戦略をメインとしたヘッジファンドを組成している。

そのカイル・バス氏が、米経済専門チャンネル「ＣＮＢＣ」に出演して、日本政府の財政破綻のリスクについて言及したことがある。そこで彼が指摘したことを簡単にピックアップすると次のようになる（出演は２０１１年、内容は当時のまま）。

1. 日本の国家債務はGDPの1・9倍（当時）に達する。
2. この25年間で税収は伸びていないが、歳出は倍増している。
3. 日本はあと2年で財政破綻する（当時）。
4. 日本人の貯蓄率はここ20年で大きく下落。個人がゼロ、企業も4％に低下。
5. 人口は自然減、労働人口も減少をし始めている。
6. 移民を受け入れて人口を増やさない限りは、国債の国内消化は不可能。
7. 国債の資金を海外調達した場合、金利の1～2％上昇はやむを得ないが、1％の金利上昇で利払い負担は25％上昇する。
8. 国家債務は急速に増大し、国債等のデフォルトを引き起こすことは避けられない。

この中で注目したいのは、「貯蓄率の低下」と「海外調達の際の金利上昇」だ。

貯蓄率の低下は、家計ベースでは、1995年には10％あったものの、近年ではマイナスに転落している。さらに、2012年からは団塊世代のトップランナー（1947年生まれ）が65歳となり、本格的な老後生活をスタートさせた。

大半の労働者が仕事からリタイアして年金生活を始めたわけだが、年金だけでは食べていけずに、月額7万円程度の預金を取り崩し始めるのではないかともいわれている。そう予測するのはある大手証券会社のエコノミストだが、毎月7万円を貯蓄から取り崩していけば、年間で1兆円程度の資金が取り崩されると推測している。

国民が好んで預けた銀行の預金が枯渇し、国債に回すべき資金が減少しつつある。これも国債破綻懸念のひとつといっていいだろう。

ちなみに、公的年金の給付金の増加などによって資金が不足して、2011年度は120兆円の年金積立金から6兆4000億円程度を取り崩して、年金給付に充てている。その後、アベノミクスが導入され、消費税が8％に税率アップされたために、とりあえず年金基金の不安は遠のいたものの、こうした高齢化社会の到来が与える影響が出始めているということだ。

次に、海外調達の際の金利上昇について。国債の資金調達手段がいずれは国内で枯渇すると考えた場合、海外投資家に資金調達を依存するようになる。海外投資家向けに国債を売るとすれば、国内投資家と異なり、リスクを取って購入してくれるわけで、やはり金利の上乗せ（プレミアム）が必要になる。

海外で国債の資金調達をする場合、やはり金利を1～2％程度は上乗せする必要があるということだ。「なんだ1％程度なら……」と思う人も多いはずだが、借換債も含めて毎年170兆円の公債を新規に発行しており、1％上昇しただけで2兆円弱の負担増になる。金利が5％上昇すれば8兆円に達する。利子だけでも大変な負担だ。

ちなみに、ギリシャのソブリンリスクは、いったんは収束しかかったが、その後何度か危機を迎えて、国債の金利は最終的には年24％程度に急騰した。ここまで高くなってしまうと、もはや自力での回復は難しい。

米国の経済紙『ウォール・ストリート・ジャーナル』は、日本のGDPが中国に超されたときに「ジャパン・アズ・ナンバースリー」と題する記事を掲載した。その中で、米国でも貧しいとされる「ミシシッピ州」よりも、現在の日本人の平均所得は低いと指摘していた。それだけ日本の国力の凋落は激しく、急激であるということだ。

実際に、日本人の平均所得は現在、世界18位（2014年）、1人当たりの名目GDPでは27位（同）にランキングされている。

リスクマネーが握っている日本経済の命運

さて、問題の多い日本国債が暴落する日、すなわち日本の長期金利が急騰する日は、いったいいつになるのだろうか。そして、実際に暴落したら、日本経済はどうなるのか。金融システムはどうなるのか。とりわけ、不安なのが人口の3分の1を占めようとしている65歳以上の高齢者の生活だ。

1998年に起きたロシア危機では、ロシア通貨であったルーブルが暴落して、凄まじいハイパーインフレが起きた。その前からも、数倍から20倍程度のインフレは記録していたのだが、デフォルトを起こした1998年には、年間で84・4倍の物価上昇率を記録している。

その直後ロシア政府は、1000分の1に通貨を切り下げるデノミを強行するなど様々な対策を打ったものの、ロシアン・ルーブルはピーク時の2万分の1に暴落。老後を年金で暮らしていた人々の生活を一瞬にして崩壊させてしまったといわれる。100円だったパンが、1年後に8440円になる世界だ。年金生活者はひとたまりもない。

これが、いま日本人が最も恐れる「ハイパーインフレ」の実態だ。日本も仮に凄まじいマーケットの変化があり、円の価値が大暴落したら、年金で生活している人々の暮らしは瞬間的に崩壊する。それが、本書の警告する「老後破綻」である。

瞬間的にせよ、日本国債が暴落するようなことがあってはならない。そんなことになれば、IMF（国際通貨基金）などが日本経済の立て直しのために介入し、これまで続いた様々なシステムは根底から覆ることになるかもしれない。そのIMFの推計によると2020年の日本国政府機関全体の借金は、GDP比で247・5％に達する。しかも、東日本大震災や原発事故の復興費用には、少なく見積もっても50兆円を超えるコストがかかるといわれている。

前述したように日本国債は、日銀や銀行、生損保といった金融機関が8割近くを保有している。海外の投資家は9・8％（2015年9月末、43ページ参照）しか保有していない。とはいえ、金額ベースではじめて100兆円を突破している。本来なら、金融機関が投資している資金は、ある程度は企業の設備投資などに回されて、日本経済の活性化に使われているはずの資金だ。

主要国の国債保有の海外比率を見てみると、次のようになる（出所：財務省ホームページ。次ページ参照）。

●米国……47・1％
●英国……30・8％
●ドイツ……61・6％
●フランス……38・5％

本来、国債というのは海外の投資家が買ってくれなければ、その資金は日本国内をぐるぐる回っているだけで、経済の活性化にはつながらない。つまり、日本がこれからしなければならないのは、海外の投資家に国債を買ってもらい、そのお金で公共事業などを行うこと。そうすれば、景気は回復するかもしれない。

前述のカイル・バス氏が指摘するように、日本国債の暴落は起こるか、起こらないかではない。「いつ起こるのか」が問題なのだ。では、いつ、どんな形で国債の暴落とい

●各国の国債等の所有者別内訳

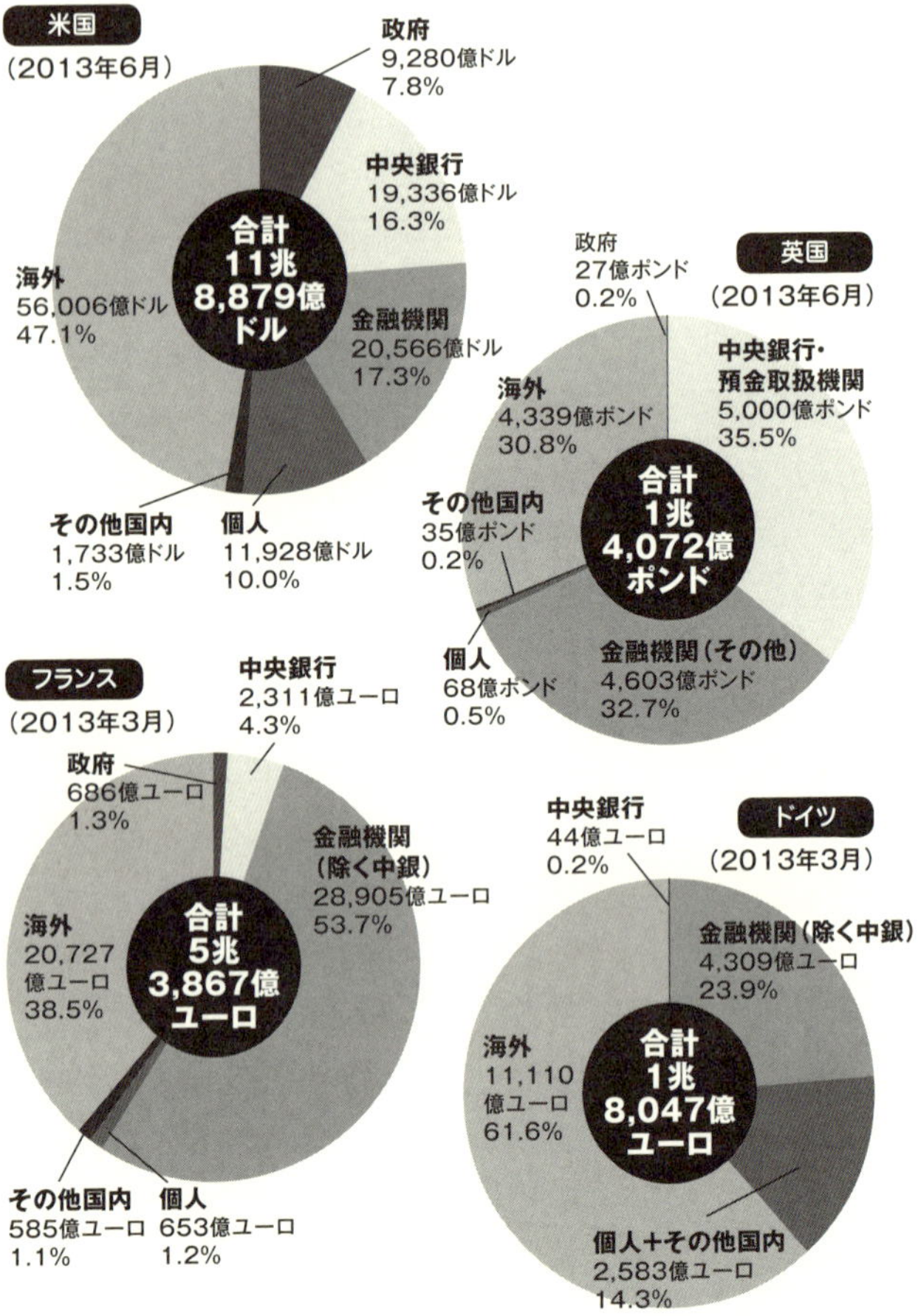

注:米国は政府勘定向け非市場性国債を含まない。ドイツ及びフランスは地方債等を含む。
出所:米国…Federal Reserve Board「Flow of Funds Accounts of the United States」、英国…Office for National Statistics「United Kingdom Economic Accounts」、ドイツ…Deutsche Bundesbank「Deutsche Bundesbank Monthly Report」、フランス… Banque de France「Financial Accounts」

うマーケットの変化が起こるのだろうか。そのキーワードは「リスクマネー」であり、「トリプル安の演出」だと私は考えている。リスクマネーが虎視眈々と日本国債暴落のシナリオを描いていることは前述したが、たとえば日本国債の入札がうまくいかない状況に陥る日が突然やってくるかもしれない。

財務省が販売している国債の大半は「入札」という制度を使い、金融機関などに入札を行わせて、最も高い価格をつけたところに販売（売却）する方法をとっている。このときに、目標とする入札額を消化できないことを「未達」というが、これが頻繁に起こるようになると、かなり危なくなってくる。

東日本大震災以後、この未達の状態がしばしば見られるようになった。大震災以後、アベノミクスが始まる前の日銀は、震災復興の資金需要に応えられるようにしたために、国債に回る資金が細くなっていた。

アベノミクスが始まって、そうした資金循環は大きくレジームチェンジしてしまったが、黒田日銀総裁がいうように、現在のような量的緩和は4年も、5年も続けられないということだ。すでに3年が経過しているが、日銀はどんな「出口戦略」を用意しているのか。極めて不透明だ。

ギリシャのソブリン危機では、EUが集まって「EFSF」を設立して対応したが、対応が甘かったためにギリシャ国債の金利は9％程度から、徐々に上昇し続けて2011年7月ごろには18％にも上昇してしまった。

同様のことが日本に起きたらどうなるか。日本は長期金利が1％上昇しただけで新発国債だけでも1兆円を超える利払い増になる。そもそも2桁の金利という状況は許されないのだ。おそらく長期国債の金利が1％から5％に上昇しただけでも、日本政府はデフォルトを起こしてしまう可能性がある。一度でも、デフォルトを起こしてしまえば、株式市場は暴落し、通貨の円も信用力を失って暴落する。国際社会での信用力を失って、日本経済は大混乱に陥るというわけだ。

ロシアは旧ソ連時代から3回にわたって「ハイパーインフレ」を経験しているが、そのきっかけのひとつが、1986年4月に起こったチェルノブイリ原発事故だったといわれている。時代の符号が妙なところでマッチしつつあると感じるのは偶然だろうか。

コンピュータの暴走で起こる「フラッシュクラッシュ」の恐怖

実際に、金利が上昇して国債が暴落を開始すれば、銀行はそれまで保有していた国債を一気に投げ売りしてくる。地方銀行や信用金庫といった金融機関では、国債の暴落に対応はできないかもしれないが、ヘッジファンドや大手銀行、証券会社の自己勘定部門などは、暴落する国債を何とか換金しようとして、あらゆる手段で売ってくるはずだ。

100兆円の国債を保有する外国人投資家も、何かがあれば一斉に売り出してくる。もしそういう事態になれば、日本中の金融機関も同調して投げ売りを開始する。6時間で日本国債は紙くずになるとシミュレーションするエコノミストもいる。

要するに、日本国債の暴落を狙うリスクマネーは、何かのきっかけを待っているといえる。東日本大震災が発生した直後、トリプル安を狙ってリスクマネーが仕掛けた形跡が数多くあった。国債も瞬間的に金利が跳ね上がって売られた。しかし、すぐにゆうちょ銀行や年金基金などの資金が動いて買い支え、暴落は免れた。

株式市場でも、金曜日の後場終了直前に発生した東日本大震災を見た欧米の機関投資家が、米国シカゴの先物市場「CME」などで先物やオプションで大量の売りを出し、株価は大きく下落した。翌週の月曜日、現物市場は堅調に始まったものの、昼休みの間に先物市場で大量の売りが出て、日経平均で最大2820円も下落した。

とりわけ、リスクマネーの狙い通りにいったのは為替市場だ。大震災の翌週月曜日の海外相場で、日本時間の火曜日午前5時ごろに、大半の日本人が寝ている時間を狙って、1ドル＝76円25銭という戦後の最高値をつけている。ミセスワタナベといわれる日本の個人投資家のふるい落とし（ロスカット）を狙った売買だった。

大震災のような機に乗じてとんでもないと思われるかもしれないが、日本人以外の投資家にとっては、単なる「投資行動」にすぎない。こうしたリスクマネーの投資行動がいやなら、日本は世界の金融マーケットから離脱して鎖国するしかないだろう。

つまり、リスクマネーは何かがあれば、いつでも自由に先物やオプションを使って、日本国債の暴落を狙ってくるということだ。格付けが大きく下落した瞬間かもしれないし、活性期に入ったといわれる日本列島の次の大震災のときかもしれない。あるいは、アジア通貨危機のように特定のヘッジファンドが日本円を売り叩きにきたときかもしれない。

過去リスクマネーが狙った金融市場での「投資行動」と呼ばれるものには、1992年の「英国ポンド危機」がある。ジョージ・ソロス氏率いる「ソロス・ファンド」が勝利して、氏は「イングランド銀行」を打ち負かした男として知られるようになった。さらに、タイ、マレーシア、インドネシア、香港、韓国に拡大した「アジア通貨危機」もヘッジファンドが仕掛けた通貨危機（経済危機）だ。

むろん、リスクマネーが返り討ちにあっているケースもあるが、2兆2000億ドル（約180兆円）を超える資金を持ち、しかも瞬間的に20倍にも、30倍にも増幅させてマーケットを狙う。日本国債315兆円（2015年9月末）を保有する日本銀行や52兆円（同）の公的年金、34兆円（同）の年金基金などが、動じなければ何も起きないはず、というのはマーケットを知らない人間のいう言葉だ。

リスクマネーは、現物には興味がない。先物やオプションといったデリバティブ商品で勝負を仕掛けてくるからだ。むろん、現物の市場価格は先物価格の影響をまともに食らうことになる。金融機関は、大幅に価格が下落したら債券を保有しておくわけにはいかない。リスクウエイトはゼロでも資産が大きく減少し損切りを余儀なくされるからだ。結局、最終的には投げ売りしてくる。

また、現在の金融市場で怖いのは、ヘッジファンドが使うコンピュータ運用のツールだ。「マネージド・フューチャーズ」などといわれるものだが、運用のすべてをコンピュータに委ねるという方法だ。

現在の金融市場がコンピュータの意思によるものではなく、単に人間がとんでもないミスを行い、コンピュータが機械的に操作をして世界を崩壊させてしまうとしたらどうか。残念ながら、巨大になりすぎてしまった現代のマーケットを管理できているのはコンピュータだけだ。人間が管理しきれない規模になってしまった金融マーケットという怪物に、我々は思いっきり振り回されているのかもしれない。

そして、恐ろしいことにすでにその前兆は表れている。何か想定外の事態が発生したときに、コンピュータが一斉にポジションの手仕舞い（決済注文）に走り、マーケット全体が瞬間的に予期しない動きをしてしまうことがあるのだ。これを金融関係者は「フラッシュクラッシュ」と呼んでいる。

東日本大震災直後の為替市場での瞬間的な下落もそのひとつだ。さらに、2010年5月のニューヨーク市場で平均株価（ニューヨークダウ工業株30種平均）が瞬間的に500ドルを上回る大きな下落を起こしたことがあるが、これは平時で特に何もない状況で起きた。こうしたフラッシュクラッシュが、日本国債の市場で起こる可能性もある。

いずれにしても、リスクマネーの存在が日本国債に大きく関わってくることは間違いない。リスクマネーの存在をきちんと把握することが、老後破綻を防ぐ第一歩ともいえるだろう。

債券価格の暴落は我々に何をもたらすのか

こうしたリスクマネーは、いつ仕掛けてくるのか。そのヒントになりそうなのが「格付け」だが、通常の格付けよりももっとリスクマネーに近い格付けがある。

リスクマネーが主体となって起こした2007年以降のサブプライムローン危機では、その中心的な役割を果たした「CDS（クレジット・デフォルト・スワップ）」という金融商品が大きな注目を集めた。CDSというのは、簡単に言えば証券化商品にかける保険を商品化したもので、信用リスクだけを取り出して売買するデリバティブ商品だ。

日本国債を購入する機関投資家などが、日本国債がデフォルトして大損を出すのを防ぐために、このCDSを買うと考えればいい。CDSには当然「CDSスプレッド」という名のプレミアム（金利）がつく。このCDSスプレッドが高くなれば高くなるほど、日本国債は危ないと見なされるわけだ。東日本大震災のときも日本国債のCDSスプレッドが急騰した。

このCDSスプレッドの動きを見ても日本国債の危うさは把握できるのだが、実はもっと手っ取り早い指標がある。格付け会社が発表している「CDSインプライドレイティング」という格付けだ。「CDSインプライドレイティング」は、CDSの格付けだと思えばわかりやすいだろう。通常の日本国債の格付けと、このインプライドレイティングの間には微妙な差がある。

格付けというのはランクの違いを「ノッチ」という単位で表現するのだが、CDSインプライドレイティングのほうが数ノッチ低いケースもある。たとえば、日本国債のCDSインプライドレイティングがいち早く「投機的格付け」の「ダブルB」になってしまった場合、日本国債暴落の準備を始めたほうがよさそうだ。

ただ、残念なことに、ＣＤＳインプライドレイティングは一般には公表されていない。経済新聞や専門雑誌、格付け会社が発信する情報で把握するしかないのだ。

日本国民の大半は、国債の危険性についてきちんと認識しているとは思えない。アベノミクスが一時的な安定をもたらしている日本経済だが、こんなときこそ日本国債暴落をある程度視野に入れた生活を、あるいは老後設計に組み込んだライフスタイルを早急に考えるべきなのかもしれない。具体的に日本国債が暴落したら、どんな被害が出るのか。簡単にいえば、次のような事態が想定される。

●円が信用力を失いハイパーインフレになる

最も怖いシナリオだが、国債のデフォルトによって「円」の信用力が低下し、円が凄まじい勢いで売られてしまう。ジョージ・ソロス氏が英国ポンドを空売りして、英国政府のポンド買い介入を打ち破った「英国ポンド危機」は有名だが、まさにこれと同じことが起こる可能性があるということだ。

英国はポンド安の直接の原因となっていた「ＥＲＭ（欧州通貨メカニズム）」を抜け

ることでポンドの暴落を防ぐことができたものの、1日に2回も公定歩合を引き上げるなど、なりふりかまわない戦いを演じた。しかし結局のところ、リスクマネー連合に歯が立たずに敗れてしまう。

それと同じようなことが、中南米諸国でも起こり、結局はハイパーインフレを引き起こしている。「国債の暴落→通貨の下落→ハイパーインフレ」というシナリオだ。

●外国人投資家に日本国債を買い占められる

日本国債が暴落して、紙くずと化したときに、いつのまにか国債の大半を外国人投資家＝リスクマネーに買われてしまうケース。当然、日本国債には低いとはいえ利息がついている。その利息や償還金だけで年間に20兆円にも達する。一般会計予算の3割にも達する金額だ。その資金をそっくりリスクマネーに掌握されてしまう。そんなケースも想定しておいたほうがいいのかもしれない。

実際にそうなったら政府はデノミを行い、徳政令を発令して日本の資産が海外に流出するのを防ぐ。結局、ここでも円が暴落して、日本は凄まじいインフレに見舞われるというわけだ。ロスチャイルド家は、ワーテルローの戦いで英国国債を暴落させてから買い占めて巨万の富を築いた。これと同じシナリオだ。

●ＩＭＦが救済に入り改革を実行される

ＩＭＦに近い筋の専門家がまとめたとされ、「ネバダレポート」と呼ばれる日本の破綻に備えた再建プログラムがある。金融危機に陥ってＩＭＦに支援を求めた場合の日本経済復活のシナリオだ。簡単に、その概要を紹介すると次のようになる。

1. 公務員の総数・給料は30％以上カット。ボーナスは例外なくすべてカット。
2. 公務員の退職金は一切認めない。１００％カット。
3. 年金は一律30％以上カット。
4. 国債の利払いは5～10年間停止する。
5. 消費税率を20％に引き上げる。
6. 課税最低限を引き下げ、年収１００万円以上から徴税する。
7. 資産税を導入し、不動産に対しては公示価格の５％を課税。債券や社債については5～10％の課税。株式については時価を正確に計算できないために、所得金額に対して１％課税。

8．預金については30～40%カットする。

ＩＭＦが介入することで、経済は立ち直り、構造改革もされる。１９９７年のアジア通貨危機に際し、韓国の支援要請に応じてＩＭＦが介入、構造改革を実施して韓国を近年の成功へと導いた。日本にとっても、このシナリオがおそらく「ベスト」だと私は思っている。

月間50%、年間600%の物価上昇で国民生活は壊滅する

さて、デフォルトからハイパーインフレに至る経緯をもう少し詳しく見てみよう。デフォルトいうのは、国債や社債など債券の発行体が、約束通りに利息や償還金を払い戻さないこと。国債がデフォルトを起こしたケースは、２００２年のアルゼンチンをはじめ数多くある。

国債の場合、大半は償還を繰り延べするなど、完全に紙くずに化してしまうケースは最近では少ない。社債は国内企業の場合では、マイカル、ヤオハンジャパンなどがデフォルトしているが、これもまったく戻ってこないわけではない。戻ってくる率を「弁済

率」と呼ぶが、ヤオハンジャパンで11・6%、日本国土開発6%（ただし現金一括弁済）、川崎電気22・4%となっている。今後、日本にも不況の波が押し寄せるだろうから、日本企業の社債のデフォルトにも注意するべきだろう。

いずれにしても、デフォルトの影響は大きい。というのも、現代の金融システムというのは、かつてのように「金本位制」ではなく、信用という裏づけだけで紙幣を印刷し、流通している「信用本位制」であり、その信用を失ってしまうということは致命的な事態になるからだ。

その通貨の信用がなくなれば、通貨が暴落してしまう状態（ハイパーインフレ）になる。ハイパーインフレが起きると年1000%（前年に比べて物価が10倍になる状態）とか2000%（20倍）になる。第一次世界大戦前後のドイツや太平洋戦争終結直後の日本だけではなく、1980年代以降ではメキシコ、ブラジルなども経験している。前述したように、ロシアは年間84倍のハイパーインフレを経験している。最近は、なんといってもジンバブエだろう。天文学的なハイパーインフレが進行中だ。

「月50%以上、年間6000%の物価上昇率」がハイパーインフレの定義だといわれている。年間わずか7倍程度の物価上昇率でもハイパーインフレなのだ。もっとも、戦前のドイツも、ロシアも、そしてジンバブエも、最初は7倍程度の物価上昇率からスタートする。しかし、その後物価上昇率を止める手立てがなく、止まらなくなるのもハイパーインフレの特徴だ。

1923年に起きたドイツのハイパーインフレは、1914年に第一次世界大戦が起きたあと、戦費支払いのために大量発行した国債が、1922年から一気に暴落して超インフレになったもの。その凄まじさは、1年間に対ドルレートで7桁以上も下落、100兆マルク札も発行されたと記録されている。パンひとつが1兆マルクになったのは有名な話だ。

原因は乱発したドイツ国債の暴落だが、紙幣が紙くず同然になってしまったために、食料が買えずに餓死者まで出ている。日本も1945年の太平洋戦争終結直後に、年間500倍という超インフレを経験している。ただし、日本国民よりドイツ国民のほうが、ハイパーインフレに対して警戒感を持っているようだ。過去の教訓を大切にしない日本のほうが問題だ。

ひとつの国が破綻を迎えるときの「最終章」は、やはりハイパーインフレといっていいだろう。現実問題として起こるかどうかはわからないが、現在のような激動期を上手に乗り切るためには、経験よりも歴史から学ぶことが大切だ。歴史的に見れば、ハイパーインフレは先進国、発展途上国を問わず起きているし、今後の日本に起こらないとは誰にもいえない。

可能性がある以上、きちんと向き合って、対応策を考えておくことだ。原発事故のように、想定外のことを無視して、実際に起きたときに何も対応できないのは愚かといわざるを得ない。

第3章

年金制度崩壊、大増税、そして静かなる老後破綻

国家破綻より怖い年金制度の崩壊

国家が破綻すれば、確かに我々の老後も破綻する。しかし、国家が破綻しなくても老後破綻の危険性はないのだろうか。アベノミクスが成功して税収が増え、財政赤字が減少するようなシナリオ通りになれば問題はないが、前述してきたように、どうもアベノミクスが成功を収めているようには思えない。4年も、5年も続けるわけにはいかない「QEE（量的・質的金融緩和策）」が、ここにきて限界に近づいており、日銀は真剣に「出口戦略」を考えなければならなくなっている。

問題は、景気も回復せず、デフレからも脱却できなかったときに、どんな選択肢があるのかだ。中途半端な形で量的緩和策を終え、金利を据え置いた場合、再び景気は低迷していくはずだし、日銀もプライドにかけてそんなことはできない。

それこそヘリコプターから紙幣をばらまくような無茶な量的緩和を仕掛けてくることが考えられる。安倍政権が高齢者世帯に3万円を給付するという政策も、選挙対策を兼ねた量的緩和策ともいえる。中央銀行を巻き込んだ金融政策だから、財源をどうしようなどという発想もともとない。

言い換えれば、もう後戻りはできないということだ。

これまでの年金制度は、お金の価値が徐々に上昇していく「デフレ」の中で、高齢者世帯は豊かな年金生活を過ごすことができた。しかし、今後は年金だけでは暮らしていけないのではないかという不安を誰もが持っている。

実際に、厚生労働省のシミュレーションによると、これから年金を受給し始める人は、65歳の受給開始時点では、現役世代の平均的な所得の50%程度を受け取ることができるものの、その後は現役世代の50%に満たない水準になると発表している。

年金収入しかない人は、65歳以降は現役世代の半分以下の収入になってしまうということだ。ＯＥＣＤ（経済協力開発機構）の定義によると、現役世代の半分以下の収入しかない人は「相対的貧困層」に属する。衣食住にも困る「絶対的貧困層」とは異なるが、確実に厳しい現実が我々の老後には待ち受けている。

ちなみに、現役世代の平均年収に対して、年金世代がどの程度の年金額をもらえるのかは、年金の給付水準を示す「所得代替率」を見ると簡単にわかる。現役世代と年金世代の収入の〝格差〟を示したもので、現役世代のボーナスを含めた手取り収入に対して、年金額がどの程度給付されるのかを表す言葉である。

実際に1954年生まれの人の年金（厚生年金）は、厚生労働省の暫定試算では現役世代の平均収入に比べて、次のように年数を経過するごとに大きく目減りしていくことがわかる（114～115ページ参照）。

●2019年（65歳）……60・00％（月額20万8000円）
●2024年（70歳）……53・4％（月額20万3000円）
●2029年（75歳）……47・8％（月額19万8000円）
●2034年（80歳）……44・2％（月額19万9000円）
●2039年（85歳）……42・2％（月額20万7000円）
●2044年（90歳）……40・8％（月額21万9000円）

1954年生まれの人の厚生年金は、受給開始となる65歳のときには現役世代の平均賃金の6割をもらえるのに対して、70歳では53％程度となり、75歳では5割弱、80歳以降では4割程度になってしまう。たとえば、いまから13年後の2029年の現役男子の平均賃金は41万3000円。これに対して、1954年生まれの年金収入は19万8000円にしかならない。

ただし、現役世代の41万3000円というのも、希望的観測の色合いが強い。日本が年0・9％の実質経済成長率を継続していかなければ到達できない数字だからだ。年4％の成長率といった以前のようなシミュレーションよりはましだが……。

こうした希望的観測の背景には、2004年の年金制度大改革時に導入された年金給付金の算出方法「マクロ経済スライド制」がある。単純に物価上昇に合わせて年金給付金も上昇する「物価スライド制」に対して、マクロ経済スライド制は年金受給者の増減や平均余命の伸び、出生率の動向といったマクロ経済の動きに合わせて、年金給付金が決定される。要は、物価が上昇しても年金額はなかなか増えないのである。

これからの13年といえば、少子高齢化が本番を迎える時期に当たる。しかし、2004年の年金制度大改革では、当時政権をとっていた自民党や公明党は、「これで年金制

●生年度別に見た年金受給後の厚生年金の標準的な年金額（夫婦２人の基礎年金含む）の見通し

（平成２６年財政検証）

○人口：出生中位、死亡中位　　経済：ケースC（変動なし）

	物価上昇率	賃金上昇率（実質<対物価>）	運用利回り 実質<対物価>	運用利回り スプレッド<対賃金>	経済成長率(実質<対物価>) 2024年度以降20~30年
長期の経済前提	1.6%	1.8%	3.2%	1.4%	0.9%

	一元化モデル	基礎	比例	（従来モデル）
所得代替率（給付水準調整終了後）	51.0%	26.0%	25.0%	（52.1%）
給付水準調整終了年度	2043	2043	2018	

基礎年金の調整終了（平成55年度）

平成51年度（2039）	平成56年度（2044）	平成61年度（2049）	平成66年度（2054）	平成71年度（2059）	平成76年度（2064）	平成81年度（2069）
49.2	53.7	58.6	64.0	69.9	76.3	83.3
20.7 42.2% （90歳）						
20.7 42.2% （85歳）	21.9 40.8% （90歳）					
20.7 42.2% （80歳）	21.9 40.8% （85歳）	23.9 40.8% （90歳）				
21.9 44.5% （75歳）	21.9 40.8% （80歳）	23.9 40.8% （85歳）	26.1 40.8% （90歳）			
23.9 48.5% （70歳）	23.2 43.2% （75歳）	23.9 40.8% （80歳）	26.1 40.8% （85歳）	28.5 40.8% （90歳）		
25.9 52.7% （65歳）	25.2 47.0% （70歳）	25.2 43.0% （75歳）	26.1 40.8% （80歳）	28.5 40.8% （85歳）	31.1 40.8% （90歳）	
	27.4 51.0% （65歳）	27.4 46.7% （70歳）	27.4 42.8% （75歳）	28.5 40.8% （80歳）	31.1 40.8% （85歳）	34.0 40.8% （90歳）
		29.9 51.0% （65歳）	29.9 46.7% （70歳）	29.9 42.8% （75歳）	31.1 40.8% （80歳）	34.0 40.8% （85歳）

注1：数値は、各時点の名目額を物価で現在価値に割り戻した額を記載した。
注2：年金額はスライド特例によるかさ上げ分のない本来水準。
注3：□内は、各世代の65歳新規裁定時における標準的な年金額の所得代替率を記載した。
注4：上記以外は、各時点における年金額と同時点における現役男子の平均賃金（手取り）とを比較した比率を記載した。
注5：既裁定者の年金は物価上昇率による改定を基準としているが、その時々の新規裁定者の年金水準との乖離幅が２割となった場合は、新規裁定者の年金と同じ賃金上昇率により改定することとし、乖離幅が２割を超えないようにするとの方針が定められており、財政検証はその方針に準拠して行われている。

厚生年金の調整終了（平成30年度）

生年度 （平成26<2014>年度における年齢）	平成 26年度 （2014）	平成 31年度 （2019）	平成 36年度 （2024	平成 41年度 （2029）	平成 46年度 （2034）
現役男子の平均賃金 （手取り）	万円 **34.8**	**34.7**	**38.1**	**41.3**	**45.1**
1949年度生（65歳） ［平成26（2014）年度 65歳到達］	**21.8** **62.7%** （65歳）	**20.3** **58.4%** （70歳）	**19.8** **52.0%** （75歳）	**19.2** **46.5%** （80歳）	**19.9** **44.2%** （85歳）
1954年度生（60歳） ［平成31（2019）年度 65歳到達］		**20.8** **60.0%** （65歳）	**20.3** **53.4%** （70歳）	**19.8** **47.8%** （75歳）	**19.9** **44.2%** （80歳）
1959年度生（55歳） ［平成36（2024）年度 65歳到達］			**22.3** **58.7%** （65歳）	**21.7** **52.5%** （70歳）	**21.0** **46.5%** （75歳）
1964年度生（50歳） ［平成41（2029）年度 65歳到達］				**23.7** **57.2%** （65歳）	**22.8** **50.7%** （70歳）
1969年度生（45歳） ［平成46（2034）年度 65歳到達］					**24.9** **55.3%** （65歳）
1974年度生（40歳） ［平成51（2039）年度 65歳到達］					
1979年度生（35歳） ［平成56（2044）年度 65歳到達］					
1984年度生（30歳） ［平成61（2049）年度 65歳到達］					

出所：厚生労働省「第22回社会保障審議会年金部会、平成26年財政検証関連資料」より

度は100年安泰だ」と胸を張った。

「マクロ経済スライド制」の導入で高齢者は貧困になる

マクロ経済スライド制の導入は、まぎれもなく「老後破綻を前提とした制度改革」だと私は思っている。国家破綻による老後破綻が国民全員を巻き込んだ大規模な崩壊だとすれば、公的年金のマクロ経済スライド制の導入は、年金受給者が高齢化すればするほど経済的に窮地に陥る仕組みを国家レベルでシステム化した崩壊といえる。

しかも、現役世代の賃金が20年で1・3倍になるということは、物価も同様に1・3倍となり、老後の家計は確実に縮小せざるを得なくなる。高齢化していけば働くこともできなくなり、年金以外の収入を得ることは難しくなっていく。

現在の公的年金制度では「65歳の時点で年金受給者が受け取る給付額は現役世代の50%以上」であることを厚生労働省は約束しているが、この50%以上もいまや怪しくなってきている。2014年の厚生労働省社会保障審議会年金部会の「財政検証」によると、試算の段階で50%を割り込むという結果を公表している。40年間厚生年金に加入したモデル世帯が、現役時代の平均年収の半分以下になってしまうケースがあるということだ。

なお、OECDが2013年に公表した「図表で見る世界の年金2013」によると、国別で見た男性の現役時の収入に対する「年金平均給付額」の所得代替率（義務加入年金の所得代替率）は次のようになる。米国や英国と同程度と思えるが、これらの国はもともと自助努力の風土であり、だからこそ貧困対策などのシステムが整備されている。その点、日本はセーフティネットなしの悲惨な状態で、単に貧しくなるだけだ。

・OECD平均……54・0％
・イタリア……71・2％
・フランス……58・8％
・スウェーデン……55・6％
・ドイツ……42・0％
・カナダ……39・2％
・米国……38・3％
・日本……35・6％

・英国……32・6%

大増税とともに心配な医療費の負担増

老後破綻の可能性を語るときに、国債暴落（国家破綻）や年金制度崩壊と同様に警戒しなければいけないことがある。財政赤字の解消を図るための「大増税の実施」だ。現在の安倍政権を見ると、2017年4月からの消費税率アップか再延長かに目が行きそうだが、実はその裏で相続税の基礎控除額引き下げを実施し、配偶者控除の廃止を予定するなど「大増税」に着々と突き進んでいる。その一方で、財政の支出にはまったくといっていいほど手を付けようとしない。

いずれにしても消費税は10%にとどまらず、今後さらに税率を大幅にアップする増税を打ち出してくる可能性が高い。海外でよく見る食料品は対象外といった低所得者向けへの配慮も、軽減税率という形で進めようとしているが、1世帯当たり年間数千円というほとんど効果のないものになりそうだ。

3000万人超に増えた高齢者世代がちょっぴり恩恵を受ける陰で、消費税率だけは確実に上昇していく。安倍政権とは限らないが、大企業や富裕層のためにある自民党政権が続く限りは、そうしたシナリオになるだろう。

一度消費税率がアップされてしまうと、あとはずるずると上昇していくことになる。仮に、消費税率が上昇すれば可処分所得は確実に減少する。消費税率がアップすれば、物価も同様に上がると考えたほうがいい。消費税の適用対象外になっている医療サービスなども、コストが値上げされた分を消化するため確実に価格は値上がりするはずだ。

たとえば、英国の付加価値税は税率20％だが、いわゆる食料品などの生活必需品は対象になっていない。そのために年金受給者などの低所得者層にはあまり影響はない。その点、日本の消費税は例外がほとんどなく、低所得者層の生活にダメージを与える。

財政再建を果たしていく段階で、年金受給者などの高齢者世代に直接影響してくるのは間違いない。消費税率が引き上げられるタイミングや引き上げ幅にもよるが、大増税が高齢者の生活に大きな影響を与える可能性が高い。少なくとも、これから老後を迎える人はそういった準備をしておくことが大切だろう。２０１７年4月から実施予定の消費税率10％も、通過点にすぎない。

大増税と並んでもうひとつ心配なのが医療費の負担増だ。日本の医療財政は国民皆保険の維持で赤字が続き、中小企業などが加入していた政府管掌健康保険も廃止されて「全国健康保険協会」に移行したものの、その財政状況は依然として厳しいままだ。2020年度には年間の赤字が5300億円に拡大し、積立金も使い果たして1700億円の累積赤字に陥る可能性があると発表している。

そういう意味でいうと、国民健康保険（国保）の赤字も注目されている。国民健康保険は現在市町村単位で運営されているが、高齢化社会の到来で加入者が急増しており、今後は自己負担分の増額も含めて高齢者の医療費負担の増加が予想される。

厚生労働省によると、いまや約1717万人が加入している国民健康保険の平成25（2013）年度の財政状況は、実質収支が3139億円の赤字となっている。保険料（税）納付率の全国平均は90・42％で、前年度を0・55％上回っており、以前の最悪な状況からはやや持ち直しつつある。国民年金の未納は有名だが、国民健康保険も10人に1人以上が支払っていないという現実に変わりはない。

収入額は14兆3494億円で、支出額は14兆8633億円。収支差引額は2631億円

●平成25年度 国民健康保険（市町村）の財政状況

単年度収支差黒字・赤字保険者の状況（市町村）

	保険者総数 / 単年度収支差引額	黒字保険者 保険者数 / 割合 / 黒字額	赤字保険者 保険者数 / 割合 / 赤字額	赤字保険者の内訳 新規赤字保険者 保険者数 / 赤字額	継続赤字保険者 保険者数 / 赤字額
平成21年度	1,723 / 66億円	808 / 46.9% / 1,028億円	915 / 53.1% / ▲962億円	457 / ▲372億円	458 / ▲590億円
平成22年度	1,723 / 293億円	820 / 47.6% / 1,239億円	903 / 52.4% / ▲946億円	373 / ▲337億円	530 / ▲609億円
平成23年度	1,717 / 1,020億円	918 / 53.5% / 1,617億円	799 / 46.5% / ▲596億円	325 / ▲209億円	474 / ▲387億円
平成24年度	1,717 / 574億円	898 / 52.3% / 1,202億円	819 / 47.7% / ▲628億円	369 / ▲296億円	450 / ▲332億円
平成25年度	1,717 / 206億円	812 / 47.3% / 965億円	905 / 52.7% / ▲759億円	419 / ▲299億円	486 / ▲460億円

注1：単年度収支差引額は、医療給付分と介護分を合わせたもの。
注2：割合は、保険者総数に対する割合である。
注3：平成25年度は速報値である。
出所：厚生労働省

の黒字だが、市町村が一般会計から決算補てんなどを目的に繰り入れている額を除けば、実質収支は3139億円の赤字となる。消費税率アップの背景には、この医療保険制度の継続も大きく関わってくる。

現在、75歳以上の後期高齢者は1割程度に抑えられている自己負担だが、今後は3割程度まで上昇してくる可能性も高い。極端なケースでは消費税率のアップや医療費のアップで老後を破綻させてしまう人も出てくるかもしれない。実際に、NHKスペシャル『老人漂流社会〝老後破産〟の現実』などを見ていると、健康保険料や住民税などが引き金になって破綻する人が多い。

第4章　最も悲惨な「老後破綻」を防ぐには

人生の努力を無にしてしまう老後破綻の恐怖

１０５４兆円という莫大な財政赤字を、日本人は甘く見ているところがある。商品市場の神様といわれる著名投資家のジム・ロジャーズ氏は、機会があれば日本の財政赤字に対する政府の姿勢を批判している。５年後、10年後の世界を想像してみれば、日本国民の身に何が起こるのか、いま何をすべきなのかわかるはずだとコメントしている。

たとえば、大量に出回っている日本国債が暴落したときに、自分の身に起こることを想像していただきたい。前述したように、膨大な金額の日本国債は金融マーケットにおいて「リスクマネー」のターゲットにされやすく、もしリスクマネーに売りを浴びせかけられたら、凄まじい暴落相場になる可能性がある。そうなってしまったら、円は暴落し、物価は天井知らずに上昇するハイパーインフレになっていく可能性がある。

ハイパーインフレでなくとも、高いレベルのインフレは、国民の生活を確実に貧しくさせる。可処分所得が減少して、食べるのにやっとの状態になりかねない。とりわけ大きな影響を受けるのが、年金や貯蓄だけで暮らしている年金生活者＝高齢者だ。

現在の日本の公的年金は、一部に「物価スライド制」が採用されているものの、マクロ経済の変化を反映した「マクロ経済スライド制」が導入されているために、高齢者の数が増えていく状況では年金給付額は増えていかない。年金では食べていけないお年寄りが、凄まじい勢いで増えていくことになる。まさに、本書が警告する「老後破綻」の状況が現実になってしまうかもしれない。

むろん、膨大な日本国債が日本政府のコントロールによって、運良く暴落しないで済んでいるという状況もありえる。しかし、5年後、10年後、日本政府は増税しても追いつかない債務を抱えて、最終的には海外の投資家に借金をして、やっとの思いで財政を運営している可能性が高い。というよりも、世界最大級の債権国家である日本だからこそ、政府の借金を国内でまかなえているわけで、現実に日本以外の国家の大半は海外からお金を借りて、資金繰りを行っているのだ。あの中国の経済成長には、華僑など外国からの資金援助が不可欠だった。

G7でも、米国も含めてほとんどの国は3割から5割を海外の投資家に頼って国債を発行している。日本のような状態のほうがむしろ世界では「異常」であると考えたほうがいい。どんな投資家が国債を買っているかといえば、石油産出国などの資源国がスポンサーになっている政府系ファンド、そして莫大な資金量を誇る銀行などの国際金融グループである。さらに、ヘッジファンドなどのリスクマネーも存在感がある。

国債を発行する国の資金調達に関わっているのは、いわゆる「投資銀行」で、米国ではインベストメントバンク、欧州ではユニバーサルバンクなどの金融グループだ。米国発の経済危機で商業銀行に転換したゴールドマンサックスやモルガンスタンレー、そして最近ではリーマンショックで破綻した投資銀行リーマン・ブラザーズのアジア・欧州部門を買収した野村証券グループなどが、国家の資金調達を担当している。

投資銀行などの金融グループは、国債を引き受ける「シンジケート団」に入っていて、国債を入札で購入して金融機関を通して石油産出国やファンド、そして金融機関の自己売買部門などに売却する。海外の場合、そのようなルートがあり、グローバル化、システム化されているから、何も国内投資家だけに買ってもらう必要はまったくない。したがって、どの国も海外投資家の割合が3割とか5割になるわけだ。

ところが、日本の場合は、そのようなグローバルなシステム化がバブル崩壊などで遅れたために、日本国内での国債消化に終始した。そして、近年は日本独自の方法で国債管理をしていかないとソブリンリスクが表面化してしまうために、海外の投資家よりも国内の銀行に頼ってきた傾向が強い。

そうした現実を考えてみると、国債のメインの引き受け手が日本国内の金融機関から、アベノミクスという名のもとに中央銀行である日銀に転換したのも、まさに苦肉の策だったといえる。莫大な国債の発行を消化できるのは、紙幣を印刷できる日銀しかなかったともいえる。

1600兆円超の個人金融資産が、今後は減少傾向になることは前述した通りだ。そもそも国内の銀行には500兆円程度の預金量しかない。その銀行が約300兆円もの国債に投資していたわけだから、限界がくるのも無理はない。日銀も含めたクジラと呼ばれる公的マネーも、保有する資産総額は800兆円程度。いずれは出口戦略をとって、公的マネーも民間銀行同様に、日本国債に投資できなくなる時期がやってくる。

こうした構図は、実は日本だけに限らない。形は違うが、ユーロ圏が同じようなメカニズムで運命共同体を形成している。ギリシャやポルトガル、スペイン、イタリアといったEU諸国の国債を購入しているのは、大半が欧州域内の銀行である。

ユーロ圏をひとつの国家として見れば、日本の状況と似ている。政府が間違ってデフォルト（債務不履行）を起こしでもしたら、途端に欧州域内の銀行も経営破綻する。場合によっては、連鎖破綻でシステミックリスクの危険性すらある。

日本の国債も、いずれは銀行や生命保険会社などが、総力をあげて資金供給しないとデフォルトを起こしてしまう状況に陥る可能性が高い。それが5年後になるか、10年後になるかはわからないが、その日はそう遠くない。

ちょっと前のギリシャやポルトガル、スペインのように、国債の大量償還がやってくるたびに、IMF（国際通貨基金）や米国、中国の援助を仰ぎ、中東のアラブ首長国連邦やサウジアラビアなどの政府系ファンドから資金調達しなければならないかもしれない。当然、金利は現在の数倍の高さになっているはずだ。現在のような超低金利では、誰も日本国債を購入してくれなくなるからだ。

金利が高くなれば、国債の管理コストが上昇するために、政府が実施してきた行政サービスも滞ることになる。日本経済そのものも活力を失うかもしれない。グローバルな視点でビジネスを展開している企業は、日本ではビジネスが維持できなくなり、中国や東南アジアなど海外に本社機能を移していく可能性が高い。

消費税率は20～30％に達して、それでも財政赤字は減っていかない。利払いと元本の償還だけで手いっぱいになり、経済成長など望めるすべもない……。そんな恐ろしい近未来が、簡単に想像できてしまう。

とりわけ、気になるのが経済成長の鈍化による影響だ。１９８０年代のバブルが崩壊してからの日本経済は、ほんの一時期を除いてずっとデフレが続いた。低成長もしくはマイナス成長が続く「失われた20年」を余儀なくされた。

そうした流れを大きく転換したのが「アベノミクス」だが、残念ながらデフレ脱却が目的であって、財政赤字の改善を狙ったものではない。財政赤字を減らそうとするなら、税収＝歳入を増やすと同時に、歳出を減らすための努力をしなければ意味がない。ところが、アベノミクスでは中央銀行が大量の国債を買い入れて、インフレ政策を始めてしまった。

アベノミクス＝異次元の量的緩和は、今後４年も５年も続けるわけにはいかない。いずれは財政赤字の肥大化が止まらずに、制御不能になるからだ。コントロール不能にならないまでも、現在と同じ状況を続けていくことが困難になる可能性が高い。デフレは経済学の教科書では、低成長時代が続き、最終的には経済危機＝恐慌のような形で破裂、収束することになっている。

むろん、アベノミクスが成功して企業業績が回復し、外国人投資家が一斉に日本の株式市場や不動産市場に継続的な投資を始める可能性もある。２００４年に始まった外国人投資家の不動産ファンドを通した「日本買い」が再び回復する可能性もある。

日本国内の内需が旺盛になれば、税収も増える。これ以上赤字を増やさずに済む「プライマリーバランス（基礎的財政収支）」の均衡に持ち込める可能性もある。それが、国民にとっては最大の希望であり、そうあってほしいのだが、これまで指摘してきたようにそうした「ハッピーエンド」にはならない可能性が高い。

しかも、日本が抱える危機は金融マーケットだけではない。東日本大震災以降、日本周辺の太平洋プレートなどの地殻は活動期に入ったともいわれている。いつまた関東大震災のような巨大地震が都心を襲うかわからない。東日本大震災級の津波被害の可能性もある。

あるいは、気候変動の影響で米国を襲った「カトリーナ」級の台風に襲われる可能性もある。様々な艱難辛苦が日本を待ち受けているかもしれない状況下で、財政的に厳しい状況を一刻も早く脱出して、備えなければならないのだ。

だからこそ、国民は日本政府の財政破綻への警戒を怠るべきではない。プロセスや原因は何であれ、老後破綻の可能性がある以上、老後破綻をさせない努力を国民一人ひとりがすべきだろう。安倍首相が外遊のたびに多額のマネーをバラまくが、そんな余裕は日本にはもうないはずだ。

老後破綻しないためには長い準備と経済の知識が必要

では、具体的にはどうすればいいのか。

まずは、どんな状況になるにしても、自分の資産を守ることが肝心だろう。資産防衛のためには「分散投資」が重要であり、すでに日本人の多くは、分散投資の重要性を理解している人が多く、実際に「グローバル・ソブリン・オープン」といったファンドがブームになり、数多くの人が海外の債券に投資を行ってきた。しかし、残念なことに、これまでの投資家の多くが超円高で自分の財産を目減りさせてきたことも事実だ。

グローバル・ソブリン・オープンは通称「グロソブ」といわれ、純資産残高が5兆円を超えたことがあるメガファンドだ。そのグロソブも、リーマンショック直後の超円高によって、外貨建てのソブリン債に投資する商品の特性から、運用成績が大きく下落して、数多くの投資家が損失を出してしまった。

アベノミクスの開始によって、円安が進行して若干基準価額は戻したものの、ソブリン債に投資したファンドの多くは損失を出したままだ。しかも、欧州諸国への投資比率が比較的高かったために、ギリシャショックなどで純資産残高も大きく減ってしまった。

米国の個人投資家には、外貨建て投資の発想がないといわれるが、日本人投資家も長い間「円」だけの運用に固執してきた部分がある。そうでなければ、個人投資家の金融資産の半分以上が預金に偏っているような事態は生まれない。海外の運用状況と比べると、日本は保守的であり、国際分散投資をしていないといえる。

いうまでもなく、資産運用の基本は「国際分散投資」だ。リスクをとって、国内外の通貨建て金融商品に分散して投資することが大切になる。とりわけ、銀行預金のような「現金」に相当する金融商品での運用は、現金の価値が自然に上がっていくデフレ時代にしか通用しない。意図的にインフレを演出するアベノミクスでは通用しないのだ。しっかり運用する必要があり、そのためには分散投資する必要がある。特に、日本円以外の資産比率を増やす必要がある。

実際問題として、どう老後破綻に備えればいいのだろうか……。そもそも経済的な危機には大きく分けて3つのプロセスがあり、それぞれ対応方法は異なるはずだ。

第1のプロセスは「老後破綻以前」。日本国債の暴落なのか、それとも円の暴落なのか。あるいは、債券、為替、株式の同時トリプル安なのか……。そのきっかけはわからないが、将来の危機にあらかじめ備えておく対応方法だ。

第2のプロセスは「経済危機に直面したとき」。どう対応すればいいのか。危機の内容によっては対応方法がない場合もあるが、あらかじめ準備をしておくことで対応できるかもしれない。実際に、どんなことが起こるのかシミュレーションしておけば、対応方法が見えてくるだろう。

そして、第3のプロセスが「経済危機後」だ。老後破綻してしまった場合、どうすればいいのか。老後破綻を免れたとしても、経済危機はたびたび襲ってくる。しっかりと対応しておかなければ、せっかく第1弾の経済危機で生き残ることができても、2弾目の経済危機でやられてしまうかもしれない。2007年に起こった米国サブプライムローン問題による経済危機でも、結局、2弾目のリーマンショックのほうが大きかった。油断しないためにも、きちんと対応する必要があるだろう。経済危機というのは、繰り返し何度も襲ってくる。地震のように余震もある。

いずれにしても、自分たちの老後を守ろうというときの大切なポイントは2つある。1つ目は「できる限り先を読むこと」。経済や金融、そしてマーケットのことをしっかり学べば、ある程度、この先どんな展開になるのかがわかるはずだ。そして、2つ目は「自分でわからなければ人に教えてもらうこと」だ。積極的にセミナーなどに出て勉強する。あるいは、自分を導いてくれる「アドバイザー」を見つけることだ。

実際には、老後破綻のような事態は起きないかもしれない。しかし、もしハイパーインフレのような事態が起きたときには、間違いなく経済がパニックとなって、凄まじい変化が起こる。東日本大震災でもわかったことだが、高度に発達した現代社会というのは、意外と脆い部分を数多く持っている。震災時にはガソリンをはじめ、カップラーメンやミネラルウォーターなどが、一時的に店頭から消えてしまった。

１９２３年に起きたドイツのハイパーインフレでは、食料を購入する手段がなくなり、人々が食料を求めてさまよう姿が記録されている。レストランで１本のワインを注文すると５０００マルクもしたが、その１本を飲み干すまでに８０００マルクに上がっていたそうだ。それほど、ハイパーインフレの威力は大きい。

１９２９年に米国で始まった大恐慌でも、やはり経済危機というだけで、凄まじい食料不足となり餓死者まで出た。日本でも、現実に貧困が原因で餓死している人がいる。経済危機というのは、一種の天災と同じだと考えたほうがいいのかもしれない。

「円資産」に頼らない老後を描いてみる

どんな形でくるのかわからない「老後破綻」を、どのように迎えればいいのか。

むろん、日本国債暴落のような経済危機だけが老後破綻の原因になるわけではない。

経済危機がくる前に年金制度の崩壊、大増税や医療費の負担増といった変化で、家計が成り立たなくなってしまう高齢者世帯もあるはずだ。ただ、経済危機はそれこそ全員が巻き込まれる。海外で暮らしているとか、海外に避難するといった稀なケース以外はなかなか回避できるものではないだろう。

では、経済危機がくる前にしておきたい準備というものを考えてみよう。結論からいえば、老後の生活基盤となる収入が激減する可能性があるのだから、生活基盤となるような収入の道を増やす方法ぐらいしかない。

たとえば、公的年金だけで暮らしている人、あるいはこれから公的年金だけで暮らしていこうという人は、公的年金以外の生活基盤＝収入源をできるだけ増やす努力をすることだ。それも、公的年金と同じような種類の収入源にしないで、できれば異なる種類の収入源を確保しておくべきだろう。

基礎年金、厚生年金、そして企業年金という3階建ての年金があれば「老後は安泰」と考える人が多いが、日本国債が大暴落するような経済危機では、すべてが役に立たなくなってしまう可能性もある。年金は物価上昇（インフレ）に弱いからだ。

日本の公的年金には、「マクロ経済スライド制」という年金受給者人口の増加などマクロ経済全体の動きを考慮に入れた制度が導入されており、物価上昇がストレートに反映されない。瞬間的に物価が上昇しても、すぐに年金給付額がアップされるとはとても考えられない。年金生活者にとっての最大のリスクは、インフレ（貨幣価値の下落）だから、インフレになれば年金受給者の生活はそれだけ苦しくなる。

バブル崩壊以後の失われた20年というのは、年金受給者にとってはデフレの連続で、理想的な経済環境にあったといっていい。年金給付額そのものは多少減少したものの、デフレによって貨幣価値は年々上昇し、同じ1万円でも徐々に価値が上がって使いでがあった。１００円ショップの登場で小物は何でも買うことができ、ユニクロのような格安の衣料品店も数多くできた。ガソリン価格もこの20年以上乱高下はあったものの、いまや1リットル＝１１０円程度（２０１６年４月）で飲料水より安い。

海外旅行もアジアまで数千円の格安航空会社（ＬＣＣ）が設立されて気軽に行けるようになった。これまでの年金受給者は、ある程度の年金をもらっていれば、それ相応な暮らしができたのだ。

ただ、残念なのは豊かな暮らしを謳歌せずに、将来の不安に備えてひたすら銀行に預金を積み立てながら、慎ましい暮らしをしてきた人が圧倒的に多かった。おかげで銀行にはたっぷりと資金が集まり、銀行は日本国債を購入して運用し、日本政府は超低金利で国債の発行ができた。高齢者世帯の貯蓄高は1世帯当たり2499万円（総務省、2014年）という数字を見れば納得がいく。

その一方で「少子高齢化」がここ20年の間に大きく進み、公的年金制度は高齢者が増えて年金受給者が急増。反面で、年金制度を支える現役世代の数は伸び悩んでいる。公的年金は、現役世代が支払う保険料を資金源として、年金世代に給付する「賦課年金制度」を採用している。物価上昇に対応する以前に少子化に対応しなければいけないのだが、この20年間ほとんど対応できていない。

こうした構造的な問題を抱えながら、公的年金制度に頼る年金生活者は、今後物価上昇への対応が求められることになる。日本の公的年金は物価にスライドしないからだ。ロシアがハイパーインフレになったときも、年金受給者が正常に年金を受け取るまでには10年近い歳月を費やした。その間、ロシアの高齢者の多くは郊外に畑を借り、自給自足の生活を余儀なくされたといわれている。

日本でも太平洋戦争時代に「恩給」の給付を受けていた人は、1945年3月10日の東京大空襲で年金関連の書類が消失、その時点から恩給の支払いがストップした。結局、給付が復活するには敗戦をはさんで4年程度の歳月がかかっている。

恩給だけで生活していた人は、4年もの間、無収入で食べていかなければならなかったわけだ。しかも、恩給を復活させるには「受給していた」という証明が必要で、それらの書類がすべてそろっている人でも最短で4年程度かかったといわれる。太平洋戦争という大混乱の中での話だが、ひとつの教訓にはなるかもしれない。

いずれにしても、年金だけに頼る老後は、今後の経済情勢を考えると厳しいだろう。また、その補完として退職金などの貯蓄に頼る生活も同様だ。要するに、貨幣価値が転換してしまうような状況に対応しなければならないからだ。

太平洋戦争終結直後、ハイパーインフレの機会に乗じてホテルや旅館を買いあさった人が少なからず存在し、後に大富豪にのし上がったといわれている。どんなに貨幣価値が変わろうとも、日々入ってくる日銭（インカムゲイン）を生み出す資産が役立つと考えたのだ。個人投資家には、そんな大胆なことはなかなかできないが、何らかの形で貨幣価値の変化に対応できる方法を見つけておく必要がある。

たとえば、店舗を経営して日銭を稼いだり、駐車場や不動産の賃貸収入といったインカムゲインが入るようなビジネスがいいのかもしれない。リスクはあるが、銀行に預けておいてインフレで無価値になってしまうよりはまし、という考え方もできる。

いずれにしても、金融市場で大きな変動が起こったときにインカムゲインが確保できるようなノウハウを身につけておく必要があるということだ。

公的年金では月額6万円の不足が生じる

現実に、公的年金の収入だけに頼る生活は成り立たなくなってきている。65歳以上の高齢夫婦無職世帯で見ると、現在の公的年金ではすでに平均で月額6万円以上の赤字になっているという調査もある。公的年金だけでは長い老後を支えるのは難しいのである。

総務省家計調査によると、夫が65歳以上、妻が60歳以上の夫婦のみの「無職世帯」の平均を見ると、社会保障給付費で19万4874円受給しているのに対して、実際にかか

● 高齢夫婦無職世帯の家計収支
（夫65歳以上、妻60歳以上の夫婦のみの無職世帯）

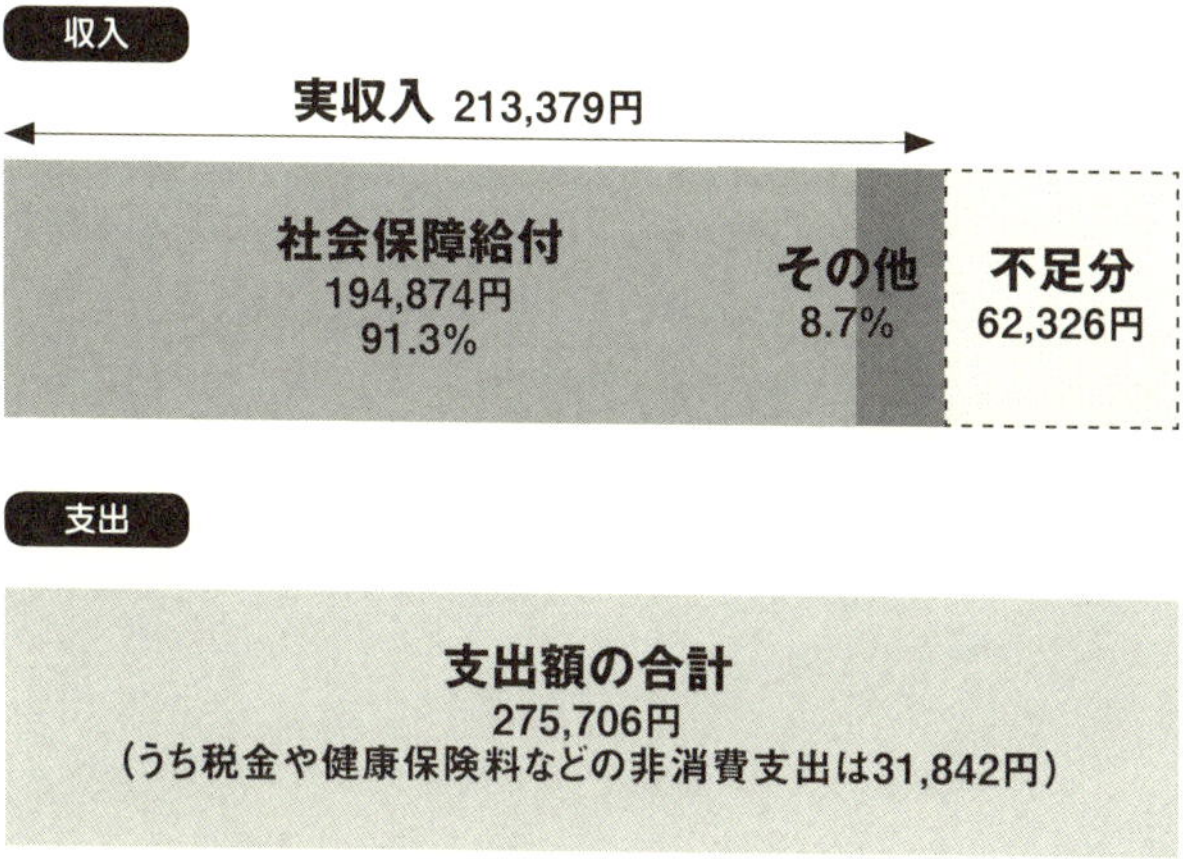

出所：総務省「家計調査報告」2015年平均速報結果の概況より

っている生活費（実支出）は27万5706円。つまり、公的年金などの給付だけでは、6万2326円の不足分が出る。

一般的に世帯主が16万円程度の厚生年金を受給し、その配偶者が65歳になり、国民年金から5万〜6万円の給付を受けることになれば、1世帯平均で22万円程度になる勘定だ。実際、夫婦で受け取れる公的年金の標準額は22万6925円（2014年度、厚生労働省調べ）。夫婦ともに65歳になれば、標準的な世帯としては家計調査のような標準的な生活ができるのかもしれない。

ただ、こうした年金給付額を今後もずっと継続できるのかは不透明だ。仮に、夫婦で標準的な22万円程度の年金をもらっていたとしても、年間で5％の物価上昇率が続けば、あっという間に年金は目減りしていき、10年後に物価は1・62倍になる。

その一方、マクロ経済スライドを導入している現在の年金制度では、ほとんど給付金の額は変わらない。団塊世代を頂点とするベビーブーマーが当面年金を受給し続け、さらに彼らに続く下の年齢層が次々に年金を受給し始める。少なくとも今後10年以上は、年金の給付額が増える可能性はまったくないといっていいかもしれない。物価の上昇分だけを反映する「物価スライド制」と異なり、マクロ経済スライドは、マクロ経済全体の情勢を判断して、人口の減少などに応じて年金給付額を調整するからだ。

もっとも、将来が心配だからといって、コツコツと爪に火を灯すような慎ましい生活を送っていても、日本国債が暴落して凄まじい経済危機が起こってしまえば、そんな努力も水の泡だ。大切なことは、年金収入を喪失した場合の収入源をそれまでに確保しておくことができるかどうかだ。

かといって、いまさら働きに出たり、金融市場で大きなリスクを負うのはいやだ、という人が大半だろう。いままで働いてきて、これからはのんびり暮らしたいと願うのは自然なことだ。しかし、いざとなったら何とかなるというものでもない。そういう時代の巡り合わせに生まれてしまったと思って、あきらめるしかないだろう。

それでは、具体的にどうすればいいのか。たとえば、年金収入を補完する「第2の年金」作りという方法がある。一番手っ取り早いのは、年金収入以外の「定期的な収入」の道を確保する方法。退職金や預金を元手に資産運用で増やすという方法もある。

ただし、こちらは市場の変動などで不透明極まりない。10～15年先の貨幣価値がどうなっているのか、皆目見当もつかない状況の中で、資産運用だけで老後を支えるのは相当ハードだと思ったほうがいい。しょせん、未来のことは誰にもわからないが、常にアンテナを立てて、経済や金融マーケットの動きをウオッチしていれば、ある程度は察知できるかもしれない。

老後に入ってからの運用方法で老後破綻は防げる

では、すでに老後に入って年金生活をスタートしている人はどうすればいいのか。本書が警告する「老後破綻」は、現時点で年金生活を送っている人にこそ意識してほしい課題といえる。

「いまさら何もできない」「食べていくのにやっと」という意識を持たずに、ぜひトライしてみることをお勧めする。確かに、年金生活に入っている人がもう一度働くことはなかなかできないが、たとえば海外で暮らす方法を模索するのもひとつの方法だ。

世界では、日本よりも財政赤字が少ない国がほとんどだし、原発事故が起こっても国民に本当のことをきちんと伝えてくれる国はいくらでもある。現在の資産をある程度外貨に換えて、その外貨を使って海外で暮らす。海外にも拠点を作っておけば、日本が大パニックになったときに緊急避難ができる。

さらに、潤沢な資産がある人は、海外の金融機関に銀行口座を開設して、そこに資金を移しておくという方法もある。以前は日本の金融機関が規制により有利な金融商品を投資家に提供できなかったために、資産運用の一環として海外口座を開設した人が多かった。しかし、最近では金融商品やサービスに関しては、国内外にそう大きな格差はなく、むしろ資産保全のために、日本の法律が及ばない海外の金融機関に自分の財産の一部を預けておくという人が多くなっている。

以前は、言葉の関係でなかなか海外口座を活用できないのが現実だったものの、最近はすべての取引を日本語で対応してくれるという日系の銀行も登場している。たとえば、香港に2015年4月に誕生した「日本ウエルス銀行」(Nippon Wealth Limited, a Restricted Licence Bank。以下NWB)」は、新生銀行やマネックス証券が資本を出して作った日系の海外銀行だ。

日本の銀行は現在、極めてリスキーな経営を余儀なくされている。日本国債への投資に偏った経営を続けているため、万が一、日本国債が暴落するような事態になったときに、日本の銀行はシステミックリスクを起こして連鎖破綻をしてしまう。仮に、日本の銀行が連鎖破綻した場合は、預金保険機構などがきちんと機能してくれるのかは不透明だ。今後は、海外口座が再び注目される時代がくるかもしれない。

もっとも、資産運用の方法によっては、銀行の連鎖破綻といったシステミックリスクを回避することもできる。たとえば、超円安に対抗するためには、「FX（外国為替証拠金取引）」を使って、自分の資産の価値を保全することが可能だ。超円安になっても外貨ベースで資産が減額しないようにすればいいのだ。

あるいはもっと積極的に、株式市場や債券市場、商品市場などで「空売り」を中心としたリスク回避のための運用方法もある。先物市場やオプション市場などで、リスクヘッジ（危機回避）をすれば資産の減少を防ぐことができる。

資産運用で勝つためには、リスクマネーに対する警戒が大切だと前述したが、リスクマネーを代表するヘッジファンドの中には、ひたすら市場の下落にかける「空売り専門」の投資スタイルを貫くところもある。株式市場をはじめとして、将来的に下落するとわかっているのであれば、空売りを仕掛けて、単純に儲けることができるかもしれない。

ただし、資産運用のスキルを磨くことが絶対的な条件になる。しかも、相手は世界中で莫大な資産を動かしているヘッジファンドや銀行の自己勘定部門といった「リスクマネー」だ。リスクマネーの裏をかくぐらいのつもりで、したたかな投資戦略を立てないと、金融市場で勝つことはまずできない。時間をかけてリスクマネーの動きを研究し、マーケットのメカニズムを熟知し、経験をたっぷりと積んでおく必要がある。

少々マーケットで失敗しても、授業料だと思うことだ。最終的には、日本政府がデフォルトなどを起こしたときに、自分の資産を守れればいいと割り切る。むろん、「プライベートバンク」など、信頼できる金融機関や運用の専門家に任せることができるのであれば、はるかにそちらのほうがいい。

30代、40代も少しずつ経済破綻のリスク回避を

まだ老後のことを考える必要がない30代、40代の人々にとっても、日本政府の財政が抱える破綻のリスクは、想像を超える大きさになるかもしれない。特に、日本国債の行

方には警戒が不可欠だ。若い世代の人も、自分自身の老後破綻の準備をしておく必要があるだろう。

ジム・ロジャーズ氏が指摘しているように、5年後、10年後の日本を想像していただきたい。日本政府が継続して財政をコントロールしていくには、結局消費税を上げて、福祉をいま以上にカットするしかない。現在のような公的年金などの社会福祉制度が、大きく後退していくのも避けられないだろう。

景気は低迷し、前述した「クラウディングアウト」が起これば、企業にもお金が回っていかないから、景気低迷は長期間にわたることになる。自分の仕事や家族を守ることで、精一杯になる可能性があるということだ。

しかも、今後はもうひとつ大きな問題を背負うことになるかもしれない。年老いた両親だ。現在の高齢者というのは、すべて公的年金制度のおかげで、そこそこの暮らしを自力で維持できている。しかし、一度老後破綻してしまったら、数少ない子供に頼る以外に方法はない。結局、40代、50代、あるいは30代で年金を受給している親を持つ人は、公的年金で暮らしていた親の面倒を見なければならないことになるかもしれない。

自分の老後はまだ遠いという人でも、親の面倒を見ることになれば、自分の暮らしと直結してくるはずだ。最近は親と同居する子供が増えているが、それでも将来的に親の面倒を見なければならないとわかっていれば、将来の設計が大きく違っていくはずだ。医療費や老人ホームといった施設も、国が破綻すれば自己負担の割合は飛躍的に高まる。国家が、国民の面倒を見る時代ではなくなっている可能性が高いのだ。

国家破綻のようなドラスチックな変化がなくても、自分の両親が年金では食べていけない、要するに自立できない状態になってしまったときには、やはり相当の犠牲を払わなくてはならなくなる。おまけに少子化で、1組の夫婦が4人の年老いた親の面倒を見なければならない。そんな状況に陥る可能性もある。

老後破綻を防ぐ「ロードマップ」を作る

いずれにしても、財政赤字の結末には様々なシナリオが想定できる。ざっと考えただけでも、次のような「日本経済破綻シナリオ」が考えられる。あくまでシミュレーションだが、アベノミクス失敗がその可能性を飛躍的に高くしたといっていいだろう。

●シナリオ1　スタグフレーション（Stagflation）

日銀の量的緩和推進↓財政赤字の増大↓日本国債の過剰流動性↓国債バブル（ゼロ金利）の崩壊↓国債価格の暴落↓長期金利の高騰↓景気低迷↓株価、国債、為替（円）のトリプル安↓超円安の進行↓スタグフレーション（景気低迷下でのインフレ）の進行↓国民生活の破綻。

日本政府が国債を発行しすぎて、国債が暴落し、金利が高騰。連動して円が暴落するものの、なんとか日本政府が持ちこたえて、資金繰りに走りデフォルトを回避する。ハイパーインフレのような状態にはならずに、中途半端に円安になったまま止まってしまうケース。おそらく1ドル＝240～300円という状態だろう。

そうなったときには、金利の上昇などで株価が下落し、輸出企業は空前の好決算となるかもしれないが、総じて景気低迷となる可能性が高い。そのような景気後退局面でインフレになるのが「スタグフレーション」だ。現在のアベノミクスが失敗して、中途半端な円安のまま景気低迷すれば、このシナリオになる可能性が高い。

●シナリオ2　日本政府のデフォルト

日銀の量的緩和の出口戦略失敗↓財政赤字の急激な増大↓消費税率などの再アップ↓可処分所得の低下↓個人消費低迷による景気後退↓国の税収のさらなる落ち込み↓日本国債の大量発行↓リスクマネーの仕掛けによる国債価格の暴落↓長期金利の上昇↓日本政府が長期金利に耐えられずデフォルト↓超円安の進行↓超インフレの到来↓国民生活の破綻。

日銀による量的緩和に頼って、日本政府が国債を発行しすぎてしまうシナリオ。金利が上昇し、日本国内では日銀以外に国債を買ってくれる投資家がいなくなってしまう。

ＩＭＦや各国政府が救済を試みるも、国債のマーケットが大きすぎて、最終的にデフォルトを起こしてしまう。円は大暴落し、超円安が日本経済を襲う。輸出企業は原材料の輸入コスト急上昇に耐えられずに、海外に脱出してしまう。最終的に、日本企業の空洞化により、税収が大きく減少。日本経済の再建がますます困難になっていくというシナリオだ。

●シナリオ3　リスクマネーによる国債市場の崩壊

日銀の量的緩和、成果残さず終了↓財政赤字の増大↓国債価格が不安定化＝金利の上昇↓リスクマネーによる日本国債の空売り↓日本政府による買い支え↓国債価格暴落↓日本政府のデフォルト↓円暴落↓輸入物価の高騰↓国民生活の破綻。

リスクマネーによる日本国債の叩き売りによって、日本国債が暴落。その影響で瞬間的な超円安になるシナリオ。瞬間的な日本国債の大暴落は、マーケットが演出するシナリオで、凄まじい勢いで超円安になる。1ドル＝1000円の状況もまったくないわけではない。瞬間的な超円安は、食料品などを一斉に高騰させ、国民経済を破綻させる。

日本破綻のシナリオだから、どれが現実になっても厳しいものになるわけで、これらの想定シナリオから、自分の財産を守り、自分の生活を守る必要がある。問題は、様々なシナリオに沿ってどんな準備をすればいいのかである。日本経済破綻のプロセスは多種多様だが、対応はそう複雑なことではない。最悪のケースを想定し、その対応をシミュレーションすればいいのだ。

そこで、お勧めしたいのが最悪のケースを想定した場合の対応策を「ロードマップ（工

老後危機への対応ロードマップ（工程表）

シナリオ1	シナリオ2	シナリオ3
スタグフレーション（Stagflation）	**日本政府のデフォルト**	**リスクマネーによる国債市場の崩壊**
景気低迷下でもインフレになる可能性	日本国債が債務不履行で金融市場はパニックに	日本国債や円が売られて経済的な混乱はピークに
インフレに対応したポートフォリオの設定で防御	**トリプル安（株安、債券安、円安）に備えた資産作り**	**日本国債や円に対して大量の売りが出て市場が混乱。経済そのものにも大きな打撃**
収入は増えないものの、ずるずると可処分処得が減っていくのを防ぐ資産管理が必要に。	下落相場でも自分の資産の目減りを最小限に抑えられる資産運用が必要	想定外のことが起こり、紙幣などが役に立たなくなる可能性に対応する
❶ リスクをとってでもインフレに対応した金融商品に投資する	❶ 日本政府にデフォルト懸念が出てきた段階で、金融市場崩壊の準備をする	❶ 日本が原因かどうかを問わず、瞬間的な金融危機が起こる可能性を常に警戒する
❷ 株式や金にも投資する	❷ ショート戦略を積極的に	❷ 下落相場に強い資産構成を作る
❸ 5年、10年を視野に入れた投資で資産の目減りを防ぐ	❸ ショートETFや株式の信用取引などでデフォルトに備える	❸ FXやCFDを駆使して普段から下落相場に対応するトレーニングをする
❹ 事前に海外口座を作って、資産を海外分散しておく	❹ FXやCFDといった差金決済でリスク回避を図る	❹ いざというときはすべての市場が下落する。不動産や貴金属、美術品などモノでも保有しておく

程表)」にしておく方法だ。たとえば、退職金を含めた老後資金をどうすれば守ることができるのか。公的年金はどこまで頼りにできるのか。仮に、公的年金が頼りにならなくなった場合の対応策にはどんな方法があるのか。経済危機が襲ったときには、どんな対応策があるのか。経済危機の種類に応じて、その対応策を作っておくといいのかもしれない。前ページのロードマップはあくまでもサンプルだ。自分に適した方法を書き込むことだ。

大切なことは、地震や津波、台風、噴火といった災害と一緒で、いざというときにどう動けばいいのか、平時に備えておくことだ。東日本大震災は1000年に一度の大災害といわれているが、金融市場の場合は経済危機が10年に一度は起きている。ロシア危機によって破綻したヘッジファンド「LTCM(ロング・ターム・キャピタル・マネジメント)」の投資の失敗は、100万年に3回の確率といわれるが、現実に起きた。

要するに、国家破綻や経済破綻は珍しいことではない。だからこそ、いざというときに備えて、日常的にどれだけ準備できているかが、明暗を分けるのである。

第5章

老後難民にならないための「7つの処方箋」

これからの時代、投資には「覚悟とスキル」が不可欠

万が一、日本国債暴落のシナリオが現実のものになってしまったら、国民生活は崩壊し、公的年金などのシステムもすべて機能しなくなるかもしれない。日本全体がゼロからの出発になってしまう可能性すらある。そんな状況の中でも、生き残ることができる「日本経済崩壊に備える対応マニュアル」が必要になる。

ただ、これまでに何度か述べてきたように、金融市場を舞台にリスクマネーが日本国債をターゲットに「売り」を仕掛けた場合は、一瞬にして決着がついてしまう恐れがある。日本の金融市場や経済が、非常事態になってから対応しても遅すぎるということだ。

だが、どんなに時代が変わろうと基本は変わらない。太平洋戦争直後の日本経済を襲ったハイパーインフレでも、対応できた人は財産を守り、資産を形成できた。金融リテラシーを磨いて、いざというときにサバイバルする。さもなければ、事前にリスクを避けて、資産の一部を海外にシフトしておく……。

いずれにしても、こうした経済危機に対応するときは、リスクの実態を把握して回避

することが重要だ。そして、危険が及びそうな金融商品は、可能な限り排除しておくこと。そう考えると、我々が最初にしなければいけないことが自ずとわかってくる。

様々な金融市場の商品に対して「警戒感」を抱くことから始めるべきだろう。国債の過剰流動性がいずれ問題になるとすれば、その延長線上にある債券安、株安、通貨安の「トリプル安」には注意が必要だ。債券や株式、そして為替市場には今後、よほどの覚悟とスキルを持って参加しないと、なかなか勝てないと思ったほうがいい。勝てないどころか、大どんでん返しで、いままでの儲けをそっくり持っていかれる可能性もある。

金融市場に投資するには、この「覚悟とスキル」が極めて大切で、スキルがきちんとあれば、退職金を全額、株式とか金で運用するなんていう馬鹿なことはしないはずだ。金融市場は、いつ、何があって、どうなるのかわからないリスクがある。そのリスクが国債市場の「過剰流動性」が原因だとすれば、その影響は我々を直撃する。

そして、マーケットは大きく揺れる。リスクマネーが相手だから、市場の急激な動きは避けて通れない。しかも、リスクマネーは莫大な資金を持ちながら、さらに瞬間的に大きな金額を投入することができる「レバレッジ（てこの原理）」を使ってくる。株式、債券、為替のあらゆる市場で、先物やオプションといった非伝統的な手法を駆使して、市場価格の動きを増幅させる。ボラティリティ（変動幅）を大きくすることで、より多くの利益を得るためだ。

個人投資家レベルでプロの機関投資家に勝てるはずもなく、投資などしてはいけないのかもしれない。ひょっとしたら全財産を失ってしまうかもしれない。しかし、いずれにしても、国債バブルが崩壊すれば、日本は世界のどの国も経験したことのない未曾有の経済危機に襲われる。その逆風の中に突っ込んでいく覚悟がないと資産運用で勝つのは無理だ。可能な限り「円資産」を排除したリスク回避の生活を心がける、あるいは海外に資産を移すといった方法しかないだろう。

投資スキルの身につけ方は、とりあえず場数を踏んでおくことが大切だ。いざというときに備えて、試験的に自己資本のほんの一部を「特別勘定」として投資を体験してみるといいかもしれない。最近は、株式市場や為替市場でシミュレーションができる投資ツールがあるが、それではあまりいい体験にならない。身銭を切って、実際のリスクを体験してこそ学ぶことができる。ヘッジファンドのファンドマネージャーも、自分の財産をファンドに組み入れるケースが多い。運用への真剣味が増すからだ。

「リスク」を整理すれば破綻は防げる

実際に、どんな対応策を講ずれば、「日本の国債暴落↓金融システム崩壊↓超円安↓超インフレ↓国民生活の崩壊」という連鎖的な経済破綻に対抗できるのだろうか。壊滅的な経済の崩壊までいかなくても、公的年金制度の崩壊や大増税による老後破綻にはどう対応すればいいのか。まずは、経済が破綻していく過程で予想される「リスク」を整理してみよう。簡単にまとめると次のようになる。

〈国債価格の暴落に関わるリスク〉

①投資目的での国債保有は価格暴落で打撃を受ける↓銀行の経営危機
②国債を中心に運用する投資信託の暴落↓安定運用型投資信託の元本割れ
③長期金利の上昇↓住宅ローンの返済額上昇。教育ローンなど変動金利型ローンの返済額の上昇（ただし、住宅ローンの返済額は5年で1・25倍以内という制限がある）。

〈**金融システム崩壊に関わるリスク**〉

①銀行が国債で大きな損失、大幅な減益、赤字転落→銀行が経営危機に直面
②銀行の破綻で1000万円超の預金とその利子は保証されなくなる
③銀行の連鎖破綻で預金保険が支払い不能→預金保険制度の崩壊
④モラトリアム（支払猶予令）の発令→銀行の窓口が一時的に閉鎖される可能性
⑤徳政令などが発令されて、銀行の債務削減→一定額以上の預金カットの可能性

〈**円暴落に関わるリスク**〉

①輸入物価の急騰で食料品やエネルギーなど生活必需品の価格が急騰
②ハイパーインフレ状態になって、日々物価の上昇が続く可能性
③外貨準備高が急速に減少し、日本は債務国に転落
④貨幣価値の転換で銀行などの金融機関が相次いで経営破綻
⑤円の価値下落で外国人観光客が押し寄せ治安が悪化

⑥デノミの実施で国民の生活は根底から振り出しに

〈公的年金制度崩壊に関わるリスク〉

①130兆円以上あった年金の積立金も少子高齢化で目減りしていく
②日本経済の衰退とともに労働人口が減少して財政的に苦しくなる
③高齢化が進み、将来は人口の3分の1が年金生活者になる
④支給開始年齢の引き上げ、給付金額の実質的な減額など制度改正の可能性
⑤GPIFによる年金運用の失敗で積立金が大きく落ち込む

これらのリスクは、すべて表裏一体の部分があるから、場合によっては一斉に押し寄せることもある。リスクをひとつに絞っていては対応が難しいということだ。日本国債の過剰流動性がもたらすリスクには、それこそ数多くのリスクがあって、そう簡単には対応できないのだ。

たとえば、超円安だけに対応するのであれば、外貨預金やFXなどで円暴落をヘッジ

する投資行動を起こせばいいのだが、超円安という事態が起きた場合には、付随して他のマーケットにも大きな影響が出る。その典型的なケースが、リーマンショックのときの金融マーケットだ。

サブプライムローン問題が発覚して以後、有事の際の「金投資」として、金価格はじりじりと上昇したのだが、リーマンショックでは金価格も大暴落した。食料や資源などの「コモディティ」は経済危機に強いといわれながらも、原油先物や金を含む貴金属などもそろって大暴落した。かつて、退職金を目減りさせたくないとして全額、金の現物を買おうとした人がいたが、こうした現実を直視すれば、それがどんなに無謀な投資かわかるはずだ。

さらに、リーマンショックでは不思議なことに米ドルと円、スイスフランなどが急騰した。このメカニズムは、現在の金融マーケットが「リスクマネー」によって支配されていることを証明している。金市場や原油市場でも、いざというときにはリスクマネーが一斉にポジション（建て玉）を整理して「質への逃避」を開始するからだ。

質への逃避というのは、より安全な資産へマネーを避難させることで、リーマンショック時には米ドルや円に流れた。特に、円の場合は「円キャリートレード」が行われていたために、円キャリートレードを手仕舞う過程で、さらに超円高になってしまった。

円キャリートレードというのは、超低金利の円を借りて、それを海外のもっと金利が高いところにシフトして投資することで利ザヤを得る投資法。投資時点では円で借りて外貨を買って投資するために円安になる。ところが、取引を手仕舞うために清算する動きが活発になると、今度は外貨を売り、円を買って返済するために円高に振れる。

リーマンショックで、金や原油価格など商品価格が暴落し、円高が進んだのは、そういうリスクマネーの動きがあったからだ。今後、金融市場で投資して、損をしないためには、このリスクマネーの動きを察知しないとやられてしまう。

むろん、資源価格は2015年以降、大暴落した原油価格のような動きをする場合もある。原油価格の暴落は、日本の経済や国民にはメリットが多いように見えるが、実は原油に投資している総合商社や銀行に大きなダメージを与える。産油国の経済などに大きなダメージを与え、経済危機を誘発する可能性がある。これも、リスクマネーが操るマネーのひとつといっていい。リスクマネーとリアルマネーの仕組みやメカニズムをきちんと把握しておくのも老後破綻を防ぐ方法のひとつといっていいだろう。

実際に、老後破綻しないためにはどうすればいいのか。正解はないのだが、投資の基本に沿って考えると次のような7つの処方箋がある。項目別に紹介していこう。

1．円預金は極力減らして分散投資を心がける

リスクマネーの動きを認識したうえで、具体的な対応策として、やはり「円安＝物価上昇」に全面的に巻き込まれないよう備えておくことだ。これは、すでにきちんと投資教育を受けた人であれば、よく理解できていると思うが、いわゆる「分散投資」の勧めだ。円建て資産だけで運用するのではなく、海外の通貨建ての商品にも投資していくことが大切になる。外貨に資産を移しておけば、超円安になっても資産の目減りを防ぐことができる。

残念ながら、これまでの外貨投資の運用成績は、日本人の場合、アベノミクスまでは全滅に近い状態といえる。将来のことを考えて、外貨建て金融商品に投資してきたわけだが、アベノミクス以前の超円高で、大半の投資家は損失を抱えてきた。「メガファンド」

のグローバル・ソブリン・オープンも、ピーク時には5兆円もの資金を集めたものの、現在では1兆円未満の規模になっており、なかなか運用面で儲けを出すことができない。もっとも、その理由は円高だけでなく、販売される投資信託の大半が「毎月分配型」という日本特有の運用スタイルを採用した商品であるという事情もある。

むろん、対米ドル、対ユーロともに最高値を更新するような超円高にもう2度とならないとはいいきれない。アベノミクスでは「マイナス金利」まで導入して円安に拍車をかけようとしているが、マイナス金利を長く続けるわけにはいかない。劇薬中の劇薬だから、いつまでもマイナス金利を続けてしまうと、今度は日本の成長戦略自体が歪んでしまうからだ。

いずれにしても、今後は円安トレンドが常態化する状態に転換する可能性のほうが高い。円安とは、円が減価していくことを意味する。いまや明確な円安トレンドになっており、リスクマネーの動向に注意を払いながら、急激な円安に備えた投資行動をしておくほうがよりベターだ。その一方で、超円高の可能性も残る。海外資産を日本の投資家が一斉に引き上げれば、再び超円高になる。

ちなみに過去、超円高になったのは、東日本大震災直後に付けた1ドル＝76円25銭や阪神淡路大震災の年に記録した1ドル＝79円75銭がある。要するに、日本に何か負のイベントがあったときに円高になる傾向がある。これは、日本に何かがあれば日本中の企業や個人、そして日本政府が海外に投資してある資金を回収するはずという市場の思惑で円高になるものだ。外貨を売って円を買うから円高になるのであって、円が高く評価されているわけではない。

さらに、リーマンショックまでは世界でも数少ないゼロ金利の通貨だったため、円キャリートレードが行われていた。円で借りて外貨で運用するために、円安が慢性的に進みそうだが、時間をかけてキャリートレードが行われるため円高トレンドのままになる。ところが株価暴落など何かがあると、投資マネーは一斉に外貨を売り円を買って借金を返して手仕舞うために、ここでも円高が進んでしまう。

こうした円高トレンドに歯向かったのがアベノミクスだが、２０１６年1月29日に導入された「マイナス金利」は、とりわけ大きなインパクトを与えた。機関投資家の多くが「円での運用」ができなくなったことを示しており、徐々に円は売られていくことになるはずだ。マイナス金利が長引けば長引くほど、確実に円は安くなっていくはずだ。

日銀の黒田総裁が自ら定めた1ドル＝125円という「黒田ライン」も、遅かれ早かれラインを突破していくことになる。グローバルな視点で見れば、円資産は今後どんどん減価していくことになる。

為替相場は一度超円安へ動き始めると、凄まじい勢いで超円安になってしまう可能性がある。そうした事態にどう対応すればいいのか。結論からいえば、やはり円資産を少なくして、米ドルや豪ドル、カナダドルなどの外貨にシフトさせて、分散投資していくのがオーソドックスな方法だ。外貨が嫌なら、不動産とか金、プラチナといった「モノ」を持つ方法もある。最近では、運用商品としての仮想通貨「ビットコイン」も注目されている。いずれにしても円で運用する資産を可能な限り減らしていく方法がオーソドックスといえる。

そのためには、「海外預金口座」の活用や、外国株式に投資しておく方法もある。手法は様々だが、銀行預金は避けたほうがいい。これまでは、何のリスクもとらずに円預金だけで資産の保全を図る方法がベストだったことは前述の通りだが、今後はそうはいかない。円のマイナス金利は、確実に円安を進行させる。その現実を忘れないことだ。

一方、それでも円資産の比率を減らしたくないという人は、「FX（外国為替証拠金取引）」などを使って、リスク回避をする方法がある。

FXは、最大で25倍の「レバレッジ（てこの原理＝少ない資金で多額の投資ができる）」をかけて投資ができる金融取引だが、たとえば100万円の資金でFXをすると、最大で25倍、2500万円の投資ができる。どうしても自分の財産は円資産で保管したいという人は、FXなどを使ってリスク回避することだ。そうすれば、いざというときに対ドルで日本円が暴落しても、暴落した分だけ円資産が増えることになり、リスクヘッジができるというわけだ。

たとえば、1000万円の円資産を通貨安から守るためには、単純計算で40万円の資金をFXに投資して、米ドルなどの外貨を買って円を売っておけばいい。1ドル＝120円のときに、8万3333米ドルを買ってあとは放置しておく。仮に、1ドル＝200円になった場合、FXでは約667万円の利益が出ることになる。リスクヘッジをせずに放置した場合、1ドル＝120円で1000万円は8万3333ドルと両替できたが、1ドル＝200円になると5万ドルにしかならない。円安によって3万3333ドル損をした勘定になるわけだ。

ちなみに、FXには「スワップポイント」と呼ばれる「利息」も付く。計算上は無視するが、こちらも大きな収益になるはずだ。ちなみに、いうまでもなく超円高に進めば40万円の元金は、ロスカットで大半をなくす可能性もある。資産防衛にリスクはつきものだ。

2. 外貨建て資産を徐々に増やしていく投資法

円資産を守るためには外貨にシフトさせていくことが大切だと述べたが、具体的にどんな外貨建て資産に移していけばいいのだろうか。外貨建て金融商品というと、すぐに思いつくのが外貨預金だが、それをどこで作るかが大きな意味を持ってくる。

もし、日本国内の金融機関で外貨預金を作った場合、その金融機関が破綻しても外貨預金は「預金保険」の対象外になる。円預金のように1000万円までの元本とその利息が預金保険で保護されない。米ドル預金やユーロ預金、高金利通貨のブラジルレアル預金などは、預金保険の対象にならないのだ。預金保険にこだわる人は、外貨預金をしたかったら、預金保険のある海外の銀行に口座を開設して、そこで外貨預金をすべきかもしれない。

ただ、日本国内の金融機関でも、安心して預けることができる外貨建て商品がある。証券会社などが取り扱っている「外貨建てＭＭＦ」だ。過去、米国のエンロン事件などで元本割れを起こしたことはあるものの、実質的には安全な金融商品といえる。この外貨建てＭＭＦなら、投資信託と同じで顧客の資産は信託銀行により管理されるために、たとえその運用会社が経営破綻しても守られる。

投資信託は、ＭＭＦに限らずあらゆる商品が、その販売会社や運用会社とは別勘定で信託銀行が管理、保管しているために安全だ。円安の進行に強い投資信託などに投資しておくのは「あり」なのかもしれない。

マイナス金利が導入されたことで、これまで国債の購入をメインに利益を上げてきた運用能力のない銀行は、運用難に苦しみ、業績を悪化させる恐れもある。銀行が経営破綻したりすると手続きなどが面倒だからいやという人は、運用能力の低い銀行での預金や投資信託の購入などは控えたほうがいいかもしれない。

さらに、日本の銀行の外貨預金は引き出す際に外貨ではなく、日本円での引き出しに限定される場合もある。日本に住んでいる以上、日本円で受け取るのは問題ないが、海外に避難している場合などは外貨で引き出せるかどうか事前に確認しておいたほうがいいだろう。

最近は「ＥＴＦ（上場投資信託）」を活用する人も増えているが、お勧めといっていいだろう。ＥＴＦは株式と同様に証券取引所に上場されている投資信託だが、指数に連動する商品組成になっている。東京証券取引所などに上場されているＥＴＦよりも、オンライン証券などを通じて海外の「外貨建てＥＴＦ」を購入するほうがいいかもしれない。楽天証券やマネックス証券といったオンライン証券、あるいは野村證券などの大手証券会社でも扱っている。

どんな銘柄を選べば、老後資金を守れるのか。難しい選択だが、たとえば「日本国債」の価格が下落すればＥＴＦの価格が上昇する「インバース（逆張り）」のＥＴＦなどもある。むろんインバースは国債だけではなく、株式市場の平均株価とか原油価格、金価格など市場ごとにある。資産防衛のためには、こうした「インバースＥＴＦ」でリスク回避しておくことも必要だろう。いくつか代表的な銘柄を紹介しておこう。

《海外市場に上場されている日本国債の金利で動く外貨建てＥＴＦ》

●DB Invers Japanese Government Bond Futures ETN（ＪＧＢＳ　ニューヨークArca）

ドル建て10年物の日本国債先物指数（DB USD JGB Futures Index）のショートポジションに投資しているＥＴＮ（ＥＴＦの一種）。運用会社は「Deutsche Asset&Wealth management」。日本国債の金利が上昇し、価格が下がると利益が出るインバース商品。ニューヨークArcaに上場されている。日本で扱っている証券会社はほとんどない。経費率は０・５％。香港などの海外に証券口座を持って投資することになる。

●DB Japanese Government Bond Futures ETN（ＪＧＢＬ　ニューヨークArca）

ドル建て10年物の日本国債先物指数（DB USD JGB Futures Index）に連動して動くＥＴＮ（ＥＴＦの一種）。満期まで7年以上、11年未満の日本国債が含まれる。運用会社は「Deutsche Asset&Wealth management」。ＪＧＢＳがベア型ＥＴＦとすれば、こちらは日本国債の金利低下＝価格上昇で利益が出るブル型ＥＴＦ。経費率０・５％

●Wisdom Tree Japan Interest Rate Strategy Fund（ＪＧＢＢ　ニューヨーク）

日本国債の金利、円ドルの為替レートなど３つの資産に投資するＥＴＦ。日米の金利差で利益が出る仕組みになっているが、同時に円売りポジションにも投資されているため、日本国債が売られて利益が出ても円安で相殺されてしまう。米ドル建てで考えないと利益が出ない。マネックス証券が米国ＥＴＦとして扱っている。

《日本の株式市場に上場されているインバース関連ＥＴＦ》

●ＮＥＸＴ　ＮＯＴＥ　Ｓ＆Ｐ５００　ＶＩＸインバースＥＴＮ（２０４９）

先物やオプションの指数が下落すると上昇する仕組みになっている。ＶＩＸは「恐怖指数」ともいわれる。

●ＮＥＸＴ　ＮＯＴＥ　ＮＹダウ・ベア・ドルヘッジＥＴＮ（２０４１）

ニューヨーク・ダウ平均株価が下落すると利益が出るＥＴＦ。日本国債が暴落すれば、ニューヨーク市場も無傷ではいられない。
●NEXT　NOTE　日経TOCOM　原油ベア　ETN（2039）
　原油価格の下落に従って利益が出る仕組みのETF。


　このほか、日本の株式市場には日経平均株価やTOPIXといった平均株価の動きに反して利益が出るインバースETFが数多く出ている。日本国債の暴落と同時に株価も下落するから、ある程度の資産防衛にはなるかもしれない。ただし、大切なことは円建ての預金商品を徐々に減らして、外貨建ての金融商品に移していくことだ。

　公的年金だけで食べていけない人は、預金を取り崩していくしかないのだが、3年とか5年と区切りをつけて、その間の生活費は預金で賄い、それ以外の預金や現金は少しずつ外貨に換えていく、といった方法がいいかもしれない。

　注意したいのはリスク商品には「短期」と「長期」があり、たとえば日本国債の下落にかけるような金融商品、あるいは為替相場の円安にかける取引は、いずれも「短期」運用の商品。くれぐれも、短期で片をつけなければならない金融商品をだらだら長期保有しないことだ。

もっとも、日本国債の下落にダイレクトに投資できる商品は日本国内にはほとんどない。そこが、老後破綻防衛術の難しいところだ。債券の下落に投資できる投資信託がいくつか設定されているが、あまり積極的に販売されていないために、どうしても純資産額などが小さいファンドになっている。逆に現在、純資産額が大きいブルベア型ファンドは株式市場に投資したものがやたらと多い。

たとえば、債券に投資するファンドのひとつである「スーパーボンドベアオープン3（野村アセット）」は、円建ての短期公社債などの「短期有価証券」が主要投資対象。国債証券先物取引を積極的に活用することで日本の長期債市場全体の値動きの約4倍程度「反対」の運用成果を目指すタイプのもの。日本の短期公社債等を中心に、国債証券先物取引に投資する。

3．資産を海外口座に移す

資産を海外に移す最大のメリットは、日本の法律が及ばない海外の金融機関に口座を

●主なブルベア型ファンド

ファンド名	会社名	投資対象	基準指数に対する倍率
野村ハイパーブル・ベア5	野村アセットマネジメント	株価指数 株式ブル型 株式ベア型	**2.5倍**
日経平均ベア上場投信	シンプレクス	日経平均 株式ベア型	**1倍**
野村ハイパーブル・ベア5（ベア5）	野村アセットマネジメント	株価指数 株式ベア型	**2.5倍**
（野村ブル・ベアS6）円高ドル安トレンド6	野村アセットマネジメント	円高ドル安 為替ベア型	**2倍**
T&D Wブル・ベア4（レアル・Wブル4）	T&Dアセットマネジメント	ブラジルレアル 為替ベア型	**2倍**
スーパーボンドベアオープン3	野村アセットマネジメント	円建て 短期公社債 ベア型	**4倍**
日本債券ベアファンド（5倍）	T&Dアセットマネジメント	日本の 長期債券市場 ベア型	**5倍**
（野村ブル・ベアS6）米国国債4倍ベア6	野村アセットマネジメント	米国国債 債券ベア型	**4倍**
日本債券ベア	T&Dアセットマネジメント	日本国債 債券ベア型	**5倍**

開設し、そこに資産の一部を移すことで、日本の国家破綻や日本国債のデフォルトによる銀行の連鎖破綻など一連の経済危機から、資産を守れることだ。「フライ・トゥ・アセット」とも呼ばれる。

一方で、海外の口座開設には実は様々なデメリットもある。言葉の問題や口座維持手数料のような日本にはないビジネス慣習も少なくない。そこで、簡単にメリット、デメリットを紹介しておく。まずはメリットから――

①日本の資産を海外移転できる

日本経済に万一の事態が生じたときに備えて、あらかじめ資産を移しておくことができる。経済危機では、預金封鎖＝モラトリアム（支払猶予令）や円暴落などで日本の金融システムは大きく混乱する可能性がある。日本の法律や経済情勢に左右されない国や地域の金融機関で資産を保有し、安全に資産保全ができるという機能を持つ。ただし、海外口座で円預金しておくのは何の意味もない。必ず複数の通貨に分散して資産保全をしておくことだ。

②日本にはないグローバルスタンダードな金融商品やサービスが受けられる

日本の金融機関が販売する投資商品は、日本語での許可や資料配布が不可欠となるため、様々なコストと労力がかかる。しかし、海外で販売されている投資信託や債券などは、こうした日本固有のコストがかからない投資効率の高い金融商品がほとんどだ。さらに、日本ではまだ商品化されていないタイプの金融商品や金融サービスも数多くある。こうした投資を可能にしてくれるのが海外口座だ。

③海外旅行やロングステイに便利

海外旅行で現地に滞在している間、現金の出し入れはむろんのこと、現地の小切手や現地特有のクレジットカードなどが使える。さらに、日本が財政破綻してしまったときには、海外口座がある国で避難生活を送ることができる。日本の金融機関に預けていた資産が紙くずになってしまったとしても、海外口座である程度、資産を残しておけば何とか生き残れるはずだ。

④日本を含め世界各国で簡単に出金ができる

通常、海外の銀行の場合、キャッシュカードにクレジット会社系の現金引き出しネットワークの「ＰＬＵＳ」か「Ｃｉｒｒｕｓ」が付帯されている。日本なら、ゆうちょ銀行やセブン銀行などで簡単に現金が引き出せる。手数料も210円程度。海外口座を日常的に利用することが可能だ。

一方、デメリットも当然ながらある。海外口座には日本にはない慣習もある。

①口座維持手数料がかかる

日本と違って口座を開設するだけで口座維持手数料が必要になる。通常、一定金額以上の口座残高がないと月額、数十ドル単位の手数料がかかる。

②預金保険の適用が日本と異なる

預金保険は大半の国にあるが、制度の内容も金額も異なる。さらに、何かがあれば現地まで行って預金保険適用の申請をしなければならない。さらに、現地の法律によっては非居住者を預金保険の対象にしていないケースもある。

③言語の壁がある

海外のスタンダードは英語。とはいえ日本の新生銀行やマネックス証券が共同出資して香港に設立した「日本ウエルス銀行（NWB）」のような、すべての取引を日本語で対応してくれる銀行も誕生している。言葉の壁があって、思うような資産運用ができない場合は乗り換えてしまうのもひとつの方法だ。

④緊急時に対応できない

たとえば金融機関に経営破綻のうわさなどがあった場合、日本にいて対応するのは難しい。インターネット・バンキングやオンライン証券の機能が充実しており、すぐに日本のATMや海外口座から海外送金を通じて資金を引き揚げることができる金融機関もあるが、まだ少数にとどまっている。

⑤長期間放置すると預金を没収される

日本でもそうだが、長期間に渡って口座を動かさないと預金が閉鎖され、さらに10年程度経過すると国庫に没収されるなどの措置をとられる。

なお、海外口座をどの国や地域に開設するかだが、「政情が安定」していて「財政が健全」なところだろう。ソブリンリスクを抱えていると、通貨が不安定になるなど様々な意味で問題がある。さらに、税金のほとんどかからない「タックスヘイブン」や、タックスヘイブンに籍を置く「オフショアバンク」もお勧めだ。

ちなみに、前述した「日本ウエルス銀行（以下NWB）」は、香港に設立されたBVI法人「OJBC　Co．Ltb（以下OJBC）」の100％子会社で、新生銀行（資本比率50・0％）、マネックスグループ（同9・96％）、ADキャピタル（投資助言業務、同9・96％）、そして香港のコンボイファイナンシャル（同9・96％）、不動産業の東急リバブル（同4・11％）が資本参加している。

NWBで投資ができるのは、日本にはないグローバルスタンダードなミューチュアルファンド（投資信託）、やはり日本では販売されないグローバルな債券、複数の通貨で運用できる定期預金などがある。特に注目したいのが投資信託で、日本のように販売手数料や信託報酬だけで、毎年3％以上の手数料を徴収されてしまうような投資効率の低い投資信託ではない。グローバルスタンダードな運用益が期待できるファンドが数多くある。最低投資金額は、100万米ドル（日本円で約1200万円）から。

とりあえず日本語対応によるフリーダイヤル（通話料無料、海外転送）で詳細を聞いてみるのがいいかもしれない。

0120－951－104

電話受付時間　月曜日～土曜日、香港時間9時～17時（日本時間では10時～18時、日・香港祝日を除く）

4.「金」は年々積み増すより瞬間的な安値を狙え

米国発の経済危機、リーマンショックが明るみになったときに、急激に注目を集め始めたのが「金」だった。米ドルに対する信認が低下したとき、米ドルに代わる資産のひとつとして金価格が高騰したのだ。もっとも金などの資源価格は需給の関係でも大きく左右される。需要が減少すれば、金価格も下がる。

金は、かつて通貨の価値を裏づけるものとして「金本位制」がとられていたことでもわかるように、その価値は普遍的なものとされていた。そんなことから「有事の金買い」といわれ、経済危機や戦争のときに金価格は上昇すると考えられていた。ところが、湾岸戦争などでは金価格は動かなかったし、リーマンショックのときも危機の全容がわかるまでは他の貴金属や商品と一緒に暴落してしまった。

そんなことから「有事の金買い」は幻想なのかとも指摘されてきた。しかし、これには説明がつく。湾岸戦争のケースでは、米軍が圧倒的に強かったため「有事」の認識がなかったといえる。

また、リーマンショック時では、その1年前に起こった「サブプライムローン問題」が発覚してから金価格は徐々に価格を上げていった。この時点で、実はヘッジファンドなどの短期のリスクマネーが大量に金市場に流れ込んでいたと考えられる。ただし、リスクマネーは金の現物ではなく、あくまでも先物市場などで金を買っていた。

ところがそのタイミングでリーマンショックが起こったため、一斉に資金を引き揚げてポジションをクローズした。いわゆる「質への逃避」を図って、米ドルなどの安全資産に逃げ込もうとしたわけだ。本来なら、金も安全資産のひとつなのだが、リスクマネーが扱っているのは金の現物ではなく金先物であるために一斉に売りが出た。これが、金価格暴落を招いた原因だ。

したがって、金の安全神話はすぐに復活し、真っ先に価格を戻した。言い換えれば、金はやはり現在でも有事の際には有効な資産として機能していると考えられるだろう。

現在の商品価格は、米ドルが下落すると金や原油価格が上昇し、逆に金や原油価格が上昇すると米ドルが下落するという特性を持っている。つまり、基軸通貨（＝米ドル）の価値が下落していくときには、金価格が上昇していくという特性を持っている。

一方、金の国内価格、円建て金価格の推移は、明らかに為替レートに左右される。このところ金の米ドル建て価格は、1トロイオンス＝1240ドル台まで下がっている（ニューヨーク金価格、2016年4月8日現在）。リーマンショック直後は1896ドルまで行った金価格だが、原油価格の下落など資源価格の低迷が金価格を押し下げているためだ。その一方で、金の円建て価格は現在4725円（1グラム当たり、同4月8日、田中貴金属工業）。2013年には5084円の高値を付けているが、やはり円安は金価格の形成に大きく影響する。

言い換えれば、日本国債の暴落によって超円安が進むとすれば、超円安のリスクを回避できる金融商品としては「金」がベストといえるかもしれない。リーマンショック時には、円高も急激に進んだために金価格も国内価格は瞬間的に大きく下落。金価格はグラム当たり2000円台にまで暴落している。しかし、その後は金の国際価格が上昇して、円高にもかかわらず金価格は上昇した。

●過去5年の金価格の推移（月次）

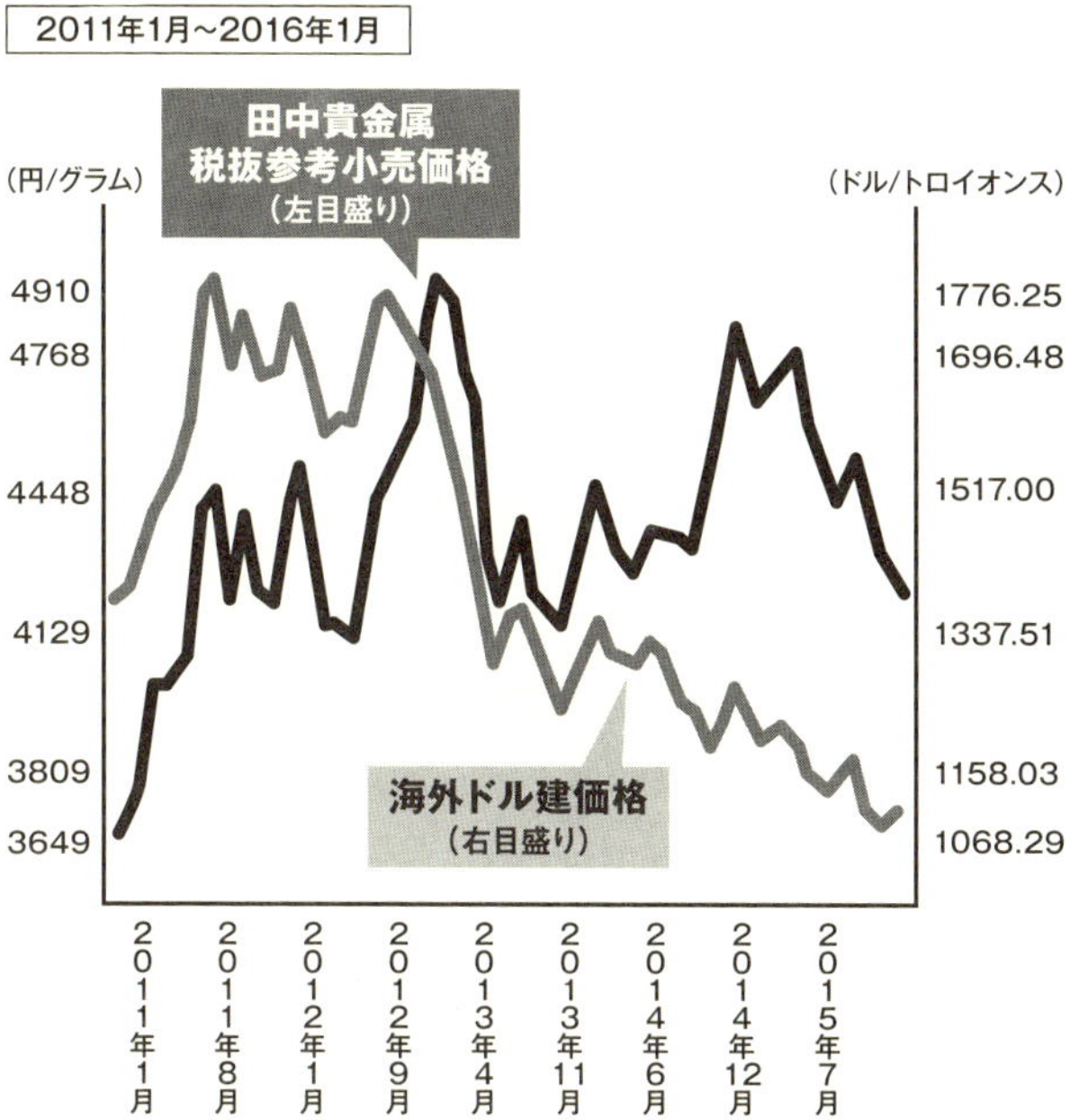

注：グラフは月平均の税抜参考小売価格。
出所：田中貴金属工業

アベノミクスが始まって円安になって以後は、金価格は国際価格ほどは大きく下落していない。そう考えると、日本国債が暴落したときには金投資が極めて有効なのは明らかだ。国債の暴落によって円の信認が落ちて「超円安」が急速に進む。日本国債の暴落時は「リスクマネー」が一斉に動き始めるのは確実で、場合によっては金価格も暴落することになるかもしれないが、最終的に金価格は少なくとも日本国内では、ある程度「維持」されると考えていい。

問題は金の投資方法だが、通常は平時にコツコツと買っていく方法がベストといえるかもしれないが、国債の暴落などで経済危機が起きた場合は、リスクマネーが一斉に質への逃避を始めるため、リーマンショックのときのように、事の重大さに驚いた世界中の投資家が金購入に走り始めるかもしれない。ただし、同時に超円安も進んでいるから、金本体の価格高騰プラス超円安で金の国内価格が急騰する可能性が高い。

日本国債の暴落は、デフォルトなどで起こるものだからそう簡単には回復しない。円安は長期にわたってずるずると進行する。まさに、先人が唱えるように「有事の金買い」は、日本国債暴落のときこそ実行するのがいいかもしれない。

その際、どの程度の金額を金に投資するかだが、それはその人の資産状況によっても違うし、金融マーケットの状況によっても異なってくる。平時であれば、全資産の5％程度の金を現物で買っておくのがお勧めだが、日本という国家の破綻が明らかになったときには、一気に全資産の30％ぐらいを金に投資してしまう方法もある。そのときの状況の見極め方が重要だが、マックスでも3割程度と考えたほうがいいだろう。

なお、金の投資法のひとつに「純金積立」がある。残念ながら、現在の状況では円安が進んでいるため、金の国内価格が高止まりしていて、純金積立をするにはやや時期が悪い。今後、何か経済的に大きな変化（イベント）があって、円高が進み金価格が暴落するようなことになったら、迷わず集中的に金を買っておくのもいいかもしれない。そんなチャンスがきたら、逃さないことだ。

また、「超円安」が始まったと思ったら、瞬間的に円を金に換える投資法も意識しておきたい。そのためには、いつでも好きなときに、大量の金が購入できる口座を持っておくことが大切だ。どの貴金属商でも「純金積立」の口座を持っていれば可能なはずだ。

たとえば田中貴金属工業の「定額口座」を開設しておけば、最低3000円から積立ができる。普段は月額3000~5000円程度の積立にしておき、いざというときに電話1本で好きなだけ金に投資ができる「当日スポット購入」を使う方法だ。

金投資の方法にはほかにもETFやCFD(Contract for Difference＝「差金決済取引」、証拠金をベースとして現物株、指数、先物、通貨などを取引することができる投資商品のひとつ)を使って投資していく方法もある。ただし、現物の金購入にこだわりたい人は「純金積立」がいいかもしれない。

5. インフレに強く、インカムゲインのある不動産に投資

かつて、日本経済全体が危機に陥ったことは何度かある。太平洋戦争終結後の混乱もそのひとつだ。しかし、焦土と化した国土を目の前にして、日本人は世界第2位の経済大国に回復していく。

その後も、オイルショックやバブル崩壊、金融機関の連鎖破綻など、様々な経済危機を経験してきた。しかし、今後起こるかもしれない経済危機は、これまでの経済危機とは根本的に異なる可能性がある。その理由は、安倍政権が実施している異次元の量的緩

和やマイナス金利の導入は、意図的に円安を誘導し、金利低下＝国債価格の上昇を図るものであり、国債バブルを政府が戦略的に演出しようとしていることにある。その目的と狙いは、いうまでもなく１０００兆円超の政府債務の解消だ。国民の資産で肩代わりしようというものだ。

その国債バブルが何らかの形で崩壊するときには、リスクマネーが大きく関わり、そのリスクマネーの演出によって、凄まじい勢いで国債バブル崩壊＝金利急騰が起こるかもしれない。太平洋戦争直後の経済危機を除けば、戦後最大級の経済危機が起きても不思議ではない。今後想定される経済危機の最大のリスクは、円の価値が暴落して輸入物価が高騰。食料品やエネルギーといった日本人の生活を支えるものが、常識を超える価格になってしまう。そんな想定外のことが起こる可能性である。

そうした状況に対応する最も有効な方法は何か。時間とコストはかかるが、可能であれば不動産に投資しておくという方法がある。経済の原則として、不動産市場の価格は最も遅い反応をする。リーマンショックの場合も、米国経済はいち早く回復したものの、雇用と住宅市場関連の指標だけが最後まで好転せずに時間がかかった。それだけ不動産価格は景気回復までのスピードが遅く、「遅行性」があるということだ。

言い換えれば、経済危機に際しても、なかなか下落しない。株式や債券、為替と比べて下落も限定的で、絶対的な価値というものがあるために、紙くずになってしまったり、実質的にゼロになってしまうという類のものではない。財産保全のための不動産購入ができる人は、慎重に物件を選択して保有しておくことだ。来るべき経済危機への対応方法のひとつといっていいだろう。

ただし、単純に不動産を保有するだけでは、かえって危ないケースもある。不動産価格も当然ながら、経済危機では大きく下落する。間違っても、財産保有のための不動産を取得するのに多額のローンを組んではいけない。できれば家賃収入などの「インカムゲイン」を生み出してくれる物件でないと難しい。

賃貸マンションや商業用不動産といった「定期収入（インカムゲイン）」を生み出してくれる物件がいい。立地などによってはバカ高い物件になってしまうことも多い。逆に安い物件は、賃貸人が入らなくて、かえって損失を出してしまう場合もある。このあたりの判断は、専門家のアドバイスを受けたほうがいいかもしれない。

かつて、太平洋戦争終結直後、ハイパーインフレになるなど日本経済が崩壊したときに、財を成した新興財閥の多くは、旅館やホテル、飲食店といった「日銭」の入る不動産を買いあさったといわれる。インフレにも強く、経済危機にも強いインカムゲインを生み出す不動産投資が強いといわれるゆえんだろう。

6．FX、先物、オプションで保有資産のリスクを回避

不動産投資がインフレに対応する資産保全手段だとすれば、超円安への対応手段もある。超円安になるとわかっていれば、為替レートが大きく反映される「金」に投資する方法もあるが、「FX」を使ってリスクヘッジする方法もある。

FXなんて「投機商品」で怖い、普通の投資家ができるものではないと思う人もいるが、最近のFX＝為替証拠金取引は以前と違ってリスクは高いが、口座に入金した資金以上のリスクを負うことがない設定になっている。どの業者も、あらかじめ「ロスカット率」を決めて、その基準に達した場合は自動的に損切りされることになっている。

ロスカットシステムがあるおかげで、リスクを限定したうえで、思い切ったレバレッ

ジをかけて運用することができる。ただし、レバレッジ規制があり、2011年8月以降は最大25倍までに制限されている。前述したように40万円あれば1000万円の為替取引が理論上できるわけだ。

これだけのレバレッジが可能であれば、自分の退職金を超円安から守ることができる。超円安から守ることができるということは、物価上昇に対抗できるということだ。むろん、ハイパーインフレのような状態になってしまったら、政府が預金封鎖などを実施してしまうために難しいが、1ドル＝200円程度までの円安であれば、FXを利用して米ドルを買う（円を売る）ことで、ある程度の円資産の目減りを防げるはずだ。

ただし、FXはプロの投資家でも難しい取引。自動車にたとえれば、F1を走るレーシングカーのようなもので、ちょっとアクセルを踏んだだけで時速200キロぐらいのスピードが出ると思ったほうがいい。コントロールしようとするのではなく、市場のトレンドに従って、欲張らないようにすることだ。円高が大きく進んだときにドルなどの外貨を買って、あとは放置しておくぐらいがちょうどいいのかもしれない。

FXはリスクの高い取引であるうえ、リスクマネーの影響をまともに受ける。ヘッジファンドなどのリスクマネーの動きとは切っても切れない存在だ。1992年にジョージ・ソロス氏がクォンタム・ファンドなどを使って、英国ポンドの空売りを仕掛けたことがあったが、ヘッジファンドの中でも「グローバル・マクロ」と呼ばれる投資戦略をとっているところは、マクロ経済の歪みをついて利益を出そうとする。

そのリスクマネーが主戦場としているのは、米国シカゴのCME（シカゴマーカンタイル取引所）である。CMEは為替取引などのポジション（建て玉）動向を1週間に1度発表しており、こうしたポジション動向を見て、リスクマネーの動きを察知するしか方法がない。このポジション動向の発表は、米国の「CFTC（全米商品先物取引委員会）」が販売手口＝ポジション動向の発表を義務づけているからだが、CMEの動向を見れば、リスクマネーのある程度の動きを察知できる。

そのポジション動向というのは、「IMM（International Monetary Market of Chicago Mercantile Exchange）通貨ポジション」と呼ばれるデータで、CMEの国際通貨先物市場に上場されている通貨の建て玉明細と考えればいい。そのCMEのIMM通貨ポジションの中でも、特に注目したいのが「Non-Commercial」部門の動向だ。

●シカゴ通貨先物の推移

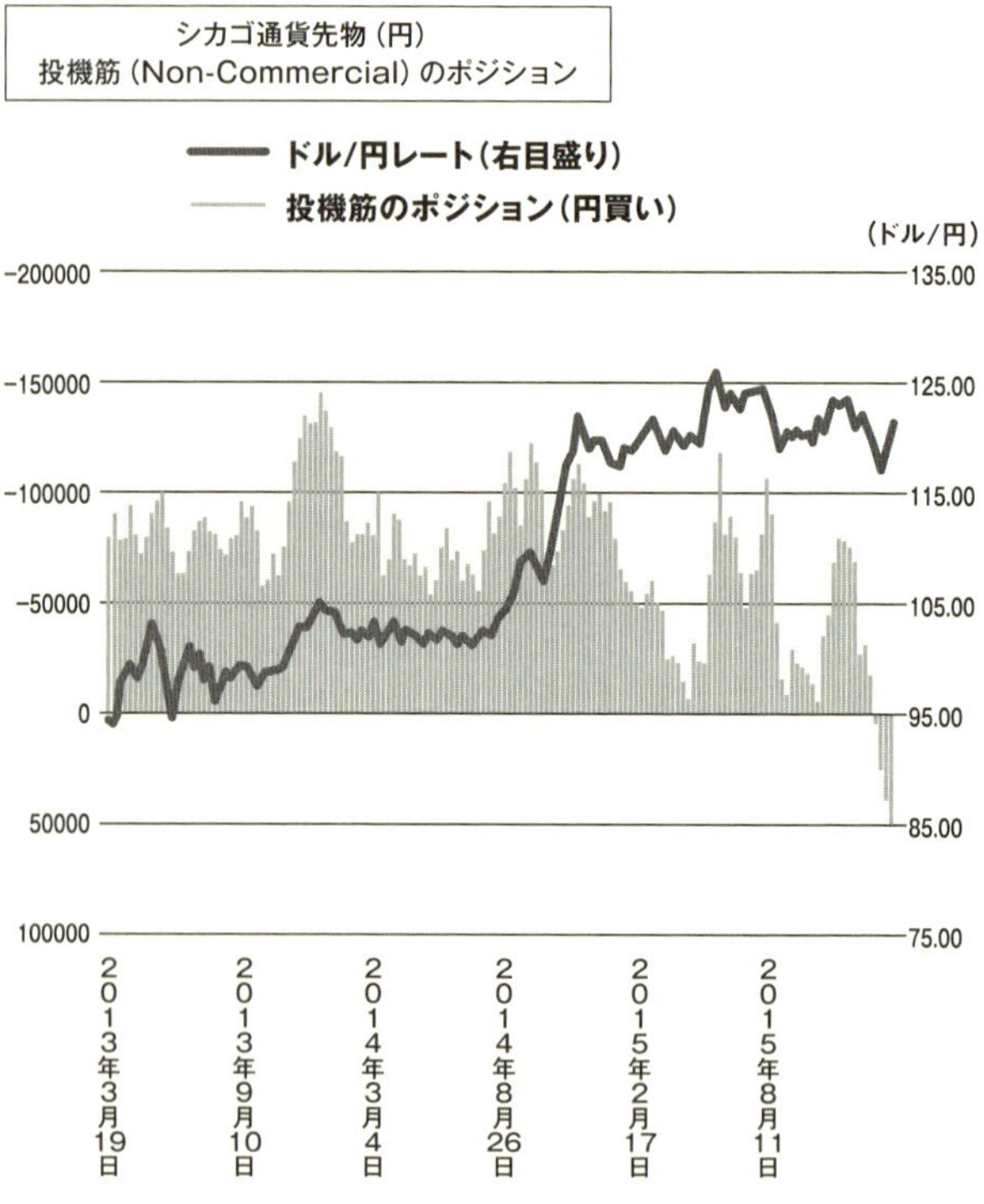

出所：外為どっとコムのホームページより

Non-Commercialつまり「非商業部門＝投機筋」のことで、その「Long（買い）」と「Short（売り）」の枚数に注目することが大切だ。

よくいわれていることだが、日本の個人投資家は「外貨買い」が圧倒的に多い。米ドルに対しても、豪ドルに対しても、ひたすら「外貨買い＝円安」に賭けるのが、日本の個人投資家の特徴といっていい。しかし、リスクマネーは臨機応変に買いと売りを使い分ける。たとえば、東日本大震災以降の日本国債の格下げ懸念からこれまでの「円買いポジション（円高）」優勢の動きから、「円売りポジション（円安）」にトレンド転換している。

グローバル・マクロの動きを察知して、他の投資戦略を持つヘッジファンドも一斉に投資に参加してくることがしばしばある。とりわけコンピュータによるシステム運用を行う「マネージド・フューチャーズ」は、リーマンショックがあった2008年でも利益を上げることができたために、現在では大量の資金を集めており、莫大な資金を瞬間的に投資してトレンドを形成してくる。

いったん円安のトレンドが作られると、リスクマネーは次々に「新高値（新安値）」

を超える価格にトライしていく「ブレイク・アウト」を繰り返す。そのブレイク・アウトを投資戦略の柱とするために、価格が大きく振れていくわけだ。

リスクマネー主導で、超円安が進行する兆しがあったら、円安方向にFXで投資する。ただし、リスクを限定して少ない資金で大きくレバレッジを張る。もし失敗したら、その投資金額はあきらめる。そんな認識で投資するのもひとつの方法といえる。

原則として、円高が進んだときに外貨を買って、放置しておくのがベスト。FX市場の細かな動きについていくのは不可能だ。

7. 国際分散投資のエース「通貨選択型ファンド」を買う

日本国債の発行が止まらず、だらだらと継続。しかも暴落もせずに、ずるずると経済が低迷して没落していくといったシナリオも十分に考えられる。それが、老後破綻への対応の難しさだ。

そんな状況の中で、経済危機への準備は簡単ではない。爆発的、瞬間的な市場価格の変動や経済危機への対応もしなければならない。そのためには、金融市場の流れを熟知して、マーケットのメカニズムを知る必要がある。個人投資家で、それも老後になってから、投資のメカニズムを学ぶのは大変なことだ。かといって放置してしまっては、いざというときに壊滅的な損害を被る恐れがある。そこでお勧めなのが、最低限の国際分散投資、最低限の外貨投資をして、リスクをヘッジしておく方法だ。

というのも長い老後を考えると、円だけで運用するのではなく外貨建て資産を組み込んだ「国際分散投資」が重要、というのはこれまでの教科書通りの教えだが、この原則がはたして日本の経済危機で通用するのか不透明だ。

実際には、すでに数多くの人が投資信託などを通して国際分散投資を経験済みであり、そして大半の人は失敗も経験済みのはずだ。国際分散投資は、「円の独歩高」になると全滅状態になる。しかし、20年以上続くはずの老後を生きるための老後資金は、将来の急激な円安に備えるという意味で必要不可欠といっていい。そう考えると、円高局面こそ国際分散投資のチャンスともいえる。

国際分散投資では、金融商品を十分に吟味して、より有利な商品に少しずつシフトしていく。たとえば、為替差益が出ても課税されない「ＥＴＦ」、あるいは通貨が選択できる「通貨選択型ファンド」などがある。急激な円高で大きく利益を出しても、FXなどでは取引所取引でも利益の20%は税金で取られてしまう。その点、ETFの為替差益は価格変動の中に組み込まれてしまう。むろん、価格変動での利益＝キャピタルゲインに対しては20%の税率で課税される。

通貨が選択できる「通貨選択型ファンド」も、円高が進んでいる時期に投資するならお勧めだ。通貨選択型ファンドは、リーマンショックで海外に投資した投資信託が暴落してしまったことから、野村アセット・マネジメントが組成した新しいタイプの投資信託で、一時期、国際分散投資型の投資信託の大半がこの通貨選択型になった。国際分散投資のエースともいわれた。

アベノミクスによる円安の進行で、最近はあまり注目されなくなりつつあるが、この投資信託の特徴は、現時点で最も下落している通貨を選んで、その通貨でいま最も成長が期待できる国や地域の株式市場に投資することのできる点だ。

ただし、現在販売されている通貨選択型ファンドには、致命的な欠点がある。毎月分配型がほとんどで、信託報酬などの手数料が非常に高いことだ。つまり、投資効率が最悪に近い。毎月分配型以外で、手数料の安いファンドを探して投資することをお勧めしたい。

それでも、今後の経済情勢で金融マーケットはどうなるかわからない。特に、マイナス金利を導入しているユーロや円は、国債の暴落といった経済危機的なイベントがなくても、ゆっくりだが確実に為替レートは切り下げられていくはずだ。中国経済の景気後退でも、人民元レートは徐々に下落していくはずだ。

いずれにしても、通貨選択型ファンドは日本特有の商品で、信託報酬などの手数料が高いという大きな欠点がある。似たような機能があるＥＴＦがあれば、そちらがお勧めだ。

ちなみに、最近になって金融マーケットの投資商品とは異なる値動きをする「オルタナティブ（代替）商品」として注目を集めているのが、仮想通貨の「ビットコイン」だ。取引所のひとつであった「マウントゴックス」の経営破綻以来、日本では人気がないが、海外では確実に普及しており、いまや１２００万人が活用している。

何よりも注目されているのが、その投資商品としての魅力だ。２０１３年7月に65ドルだったビットコインが、現在では420ドル（2016年3月）に急騰。3年弱で500%以上も上昇した。

ヘッジファンドなどがオルタナティブ商品として注目しており、円やドルなどの「法定通貨」とは異なる通貨のひとつとして投資されているのだ。日本でも、2016年3月4日に仮想通貨を通貨として認め、決済手段のひとつとして認定する法律を策定する方向で閣議決定している。

法定通貨とは独立した動きをするビットコインは、金価格と似た動きをするともいわれる。あるいは、中国人民元と逆の相関関係にあるともいわれる。全資産の1%程度をビットコインにしておくのも、老後破綻を回避するひとつの方法だ。

第6章

今できること、今しなければいけないこと

「異次元緩和」「マイナス金利」で大恐慌？

アベノミクスの中心的な経済政策である「量的・質的金融緩和（ＱＱＥ）」の本来の目的は、「インフレ率２％を２年で達成するために、マネタリーベースを２倍にする」だった。ところが、３年経過した現在でも次のような結果しか残せていない（２０１６年２月、前年同月比）。

・消費者物価指数（総合）……０・３％
・同（生鮮食品を除く総合）……０・０％
・同（食料品及びエネルギーを除く総合）……０・８％

日銀は当初、消費税率のアップや原油価格の下落を言い訳の材料に使ってきたのだが、そのエネルギーを除いた数字でも０・８％しか上昇していない。年間80兆円を超える資金を投入して、さらにＥＴＦやＲＥＩＴなども買い入れているにもかかわらず、消費者物価指数2・0％達成の道は遠くなるばかりだ。

そこで日銀は、2016年1月になって量的・質的緩和に加えて「マイナス金利」を導入した。今後は、日銀の当座預金に銀行などが資金を預ける際には、金利を支払う代わりに0・1％の「マイナス金利＝手数料」を取ることを発表。すでに、先行してマイナス金利を導入しているECB（欧州中央銀行）やデンマーク、スウェーデン、スイスの中央銀行では、その効果がはっきりと表れていないために、マイナス金利を拡大させる傾向にある。日本でも今後、マイナス金利幅を拡大していくことになるはずだ。

直接、預金者には影響しないと思われがちなマイナス金利だが、すでにスイスの民間銀行などは大口の預金者に対しては手数料を取るところが現れている。いずれ日本でも、銀行にお金を預ける際にはお金を支払わなければならない日がくるかもしれない。

その反面で住宅ローンの金利などは史上最低になるため、空前の不動産バブルが再燃する可能性がある。いずれにしても、「QQE＋マイナス金利」は、人工的なバブルを形成する政策であり、何が何でもインフレにしてしまおうという日銀の並々ならない決意がある。

では、マイナス金利で一番困るのは誰か。銀行などの金融機関が経営を圧迫されるのではないかといわれているが、正確にいえば「日本国債」で運用しているすべての金融機関、投資家がピンチを迎える。特に深刻なのが、ゆうちょ銀行やかんぽ生命、そしてＧＰＩＦ（年金積立金管理運用独立行政法人）といった年金基金だ。特に、年金基金は今後運用先から国債が消えてしまう事態になる。

マイナス金利導入と同時に、日本国債の８年物まではマイナスの利回りに陥った。10年物以上の利回りも大きく下がった。年金生活者にとって、マイナス金利が続けば続くほど年金資源が減少していくことを意味する。

こうしたマイナス金利の副作用がどう出るのか。実は、まだよくわかっていない。すでに10年物の長期国債までもがマイナスの利回りになっている。歴史上初めての経験をしているわけだが、言い換えれば我々は壮大な実験に付き合わされているといえる。異次元の量的緩和とマイナス金利の結果が「ハイパーインフレ」や「大恐慌」でないことを祈るしかないということだ。

しかし、歴史を振り返ってみると、こうした異質な金融政策は経済危機の引き金を引いてしまうケースがほとんどだ。関東大震災では、1923（大正12）年の直後から1927（昭和2）年の昭和恐慌に至るまでの数年間、日本経済は急激なデフレに見舞われている。物価指数は、震災から4カ月後の1924年1月には224ポイントだったのが、1927年1月には178にまで下落している。3年間で2割も物価が下落したことになる。そのうえで、銀行が連鎖破綻する「昭和恐慌」を経験した。

当時の日本政府は米国発の大恐慌に合わせて「金解禁」を実施。デフレが進み、日本を恐慌に陥れた。異質な金融政策は、失敗すると悲惨な結果を招くという事例だ。

一方、現在の日本では、2011年に東日本大震災、福島第一原発事故というダブルの災害を経験。日本の銀行は「国債」という大きなリスクを抱えて、そこに「マイナス金利」というリスクが加わった。銀行が無理な融資を重ねて、バブルを作り、そしてまたバブル崩壊で債権回収の滞りや不良債権の急増に陥るかもしれない。

私は、常々「過剰流動性は過剰債務を生むだけだ」と指摘してきた。過剰なマネーは銀行融資となって表れ、最終的に銀行の融資＝債務者の借金（不良債権）として残る。

そのうえで、バブルが崩壊し、銀行などの金融機関が連鎖破綻して恐慌に陥る。賢い投資家は、こうした未来を予測して先回りできる人間だ。

スタグフレーションあるいはハイパーインフレに備えてできること

最近の世界経済を俯瞰すると、世界には様々な超一級クラスのリスクが渦巻いている。中国のバブル崩壊は明らかだし、最終的にはどこに落ち着くのか見当もつかない。潤沢な資金が中国国内に流れ込み、莫大なマネーを背景に拡大戦略をとりすぎたのが失敗の原因だが、バブル崩壊はまだ始まったばかりだ。

原油価格の暴落も大きなリスクだ。2016年1月から始まった世界同時株安は、1990年の日本のバブル崩壊よりも下落幅が大きく、その原因といわれるのが原油価格の下落で財政が悪化した政府、いわゆるオイルマネーで潤ってきた中東諸国などのソブリンファンドの「売り」が原因と見られている。

さらに、原油市場で空売りを仕掛けているヘッジファンドが、株式市場も下落するような「裁定売買」を仕掛けていたという説もある。要するに、原油に代表される資源価格の暴落は、金融マーケット全体をリスキーにする。

加えて、ＩＳ（イスラム国）や南沙諸島の人工島で存在感を示す中国、水爆実験の北朝鮮などなど、地政学リスクも満載だ。経済の不安定さは、地政学リスクの増大となって表れる。１９２９年の大恐慌から第２次世界大戦までを振り返ってみれば、歴史が繰り返されようとしていることがよくわかる。30年代の米国発の大恐慌では、ニューディール政策などでいったんは乗り切るものの、本物の危機は37～38年にやってきている。米国でも餓死者が出るような景気後退を迎えているのだ。

リーマンショック後の米国経済は、ＦＲＢ（米連邦準備制度委員会）によるなりふり構わない金融政策で、景気を上向かせる経済政策が進められた。ＱＥ（量的金融緩和）を3度行い、そこでばらまかれた大量の緩和マネーは、新興国を中心に世界中にバブルをもたらした。とりわけ、中国、インド、ロシア、ブラジルといったＢＲＩＣｓにバブルをもたらした。その後、米国は量的緩和を中止して、金利も引き上げた。米国の金融政策が正しかったかどうかは、これから評価される。ひょっとしたら、第３次世界大戦のような事態にまで突き進んでしまう可能性もある。

問題は日本だが、最もまずいのは景気後退とインフレが同時に起こる「スタグフレーション」に陥ることだ。収入が増えない中で、インフレになるわけだから、ますます可処分所得が減っていく。現在のアベノミクスで日銀がやっていることは、成功すれば税収が増え、財政も健全化して景気も回復するが、失敗すればよくてもスタグフレーションだと思っていい。もっとひどい結果は「ハイパーインフレ」だ。

こうした状況で国民一人ひとりが、どう対応すればいいのかの判断は難しい。ただ、年金生活者や年金生活直前の人たちにとっては、選択肢はそう多くない。収入は増やせそうもないし、働くといっても高齢者の雇用市場はかなり低迷している。そこで、整理しておきたいのが「これからできること」だ。しかも、そう遠くない時期に破綻がくると想定した場合の「できること」について考えてみよう。

●自給自足体制を整える

老後破綻しそうな世代の人の場合、とりあえずできそうなのが、少しでも自給自足の体制を整える方法だ。完全な自給自足は無理としても、ある程度の食料は自分で作る。過疎地では農地はいくらでも余っているから、地方自治体などが行っている貸し農園で野菜や根菜類、穀物を作って自給自足を目指す方法がいいかもしれない。

その延長で考えれば、田舎に引っ越して、より自給自足的な生活を送る準備をしておく方法もあるだろう。過疎化が進む地方では必ず「Uターン」や「Iターン」を勧めるプロジェクトを行っている。ただ、田舎で暮らしていても、経済危機の影響はまともに受ける。東日本大震災でも、被災地以外の地方であっても、都心部と同様かそれ以上に景気の落ち込みを経験した。経済危機の影響をまともに受けるのは、都市部も地方も変わらないということだ。

●日本脱出＝海外に別の拠点を作る

太平洋戦争終結直前に恩給や年金の給付が止まってしまい、4年後に復活したと紹介したが、その間に日本はハイパーインフレを経験し、それでも年金が復活したということは、ある程度の物価上昇率が加味されて、給付が再開されたと考えていいだろう。そう考えると、4〜5年間の生活費を確保しておけば、インフレによる被害を最小限に抑えられるのではないか。

国債が暴落あるいは超円安になれば、IMFなどの支援によって、貨幣価値は大きく変わるかもしれないが、日本の公的年金制度そのものは継続される可能性が高い。つまり、4〜5年間、生活費を引き出すことができる金融商品を保有し、それを現金化できる金融機関を確保しておけば、ひとまず安心なのかもしれない。その金融機関が海外口座であればもっといい。金融商品も円建てではなく、外貨建てであることが望ましい。

問題は、お金を日本の金融機関に残したまま海外に滞在しているリスクだ。仮に、海外滞在中に日本で銀行が連鎖破綻などを起こした場合、預金保険の範囲内での保証を受けるための帰国もあり得る。

海外の滞在先で預金口座を開設して、その国の預金保険の範囲内まで預けておく方法もよい選択肢といえるだろう。しかし、地域によっては預金保険の対象が居住者に限られている場合もある。事前に確かめておく必要がある。

経済危機に陥ってインフレに苦しむ日本から脱出してしまう方法もある。これは事前にロングステイできる場所を探しておき、現地の金融機関に外貨で当座の生活費となる預金を準備しておくといった「前準備」が必要だ。

一体、どのあたりに海外の拠点を作ればいいのかだが、海外口座を作った国や地域にあまりこだわることはない。前述したように、PLUSやCirrusといったクレジットカード会社のネットワークで、比較的自由に預金は引き出すことができるからだ。

最近は、海外移住よりも「ロングステイ」が人気だ。日本のすべてを捨てて海外に移ってても、なかなかなじめないで10年程度で帰ってきてしまう人が多いためだ。この言葉を普及させた「ロングステイ財団法人」が毎年行っている「ロングステイ滞在希望先ベスト10」というアンケート調査の2014年度のランキングを見ると次のようになる。

1. マレーシア
2. タイ
3. ハワイ
4. オーストラリア
5. カナダ
6. ニュージーランド
7. シンガポール
8. アメリカ本土
9. フィリピン
10. インドネシア

マレーシアの人気は、「レンタルアパート」と呼ばれる住環境が整っているのも理由のひとつ。現在の為替水準なら3ベッドルームで月額4万～6万円程度の格安な家賃で、プール、スポーツジム付きのコンドミニアムでの暮らしを楽しむことができる。マレーシアやタイといった近場で物価も高くないところが人気だ。

なお、アジア各国にはリタイアメントビザの取り扱い国が多い。あらかじめ長期滞在できるビザを取得して、いざというときにはこうした国に逃げるという方法もある。

●運用能力のある銀行を選ぶ

一方、どうしても日本の銀行に預けておきたいというのであれば、決算書などを見て、どの程度国債に投資しているのか、自己勘定部門の明細などもチェックして、国債に偏った投資をしていない銀行を選ぼう。それも複数の金融機関に預けることだ。むろん、預金保険の範囲内の1000万円を超えない金額を預けることが大切だ。

たとえば、セブン銀行のようにATM決済に特化した銀行などは、安心できそうだ。スルガ銀行や楽天銀行のように通常の銀行と異なるラインアップを充実させている銀行なども、いざというときのフットワークがいいかもしれない。じぶん銀行のようなモバイル・バンキング特化型銀行なども面白そうだ。外貨預金が簡単に、しかも有利にできるキャンペーンを常時実施しており、そのときの経済情勢に合わせて預け入れや引き出しができるかもしれない。

●インフレに強い金融商品に投資

危機の本質がインフレである以上、前章でも紹介した通り、様々な金融商品に投資する準備をしておくことが大切だ。

そのときに注意したいのが、ただやみくもに資産を外貨にシフトすればいいというものではないということ。よく金投資や外国投資信託を販売するセミナーなどで、証券会社や商品取引員の専門家が出てきて、「将来はインフレになります。だから金を買いましょう、外貨建て投資信託に投資を……」と呼びかける。

確かに間違ってはいないが、問題はそのタイミングだ。インフレになる兆しが起きたときに、即座に対応できる投資ツールを駆使するスタンスが必要なのだ。それまでに我々ができることはせいぜい田舎暮らしか、海外での生活基盤を整える程度と考えればいい。

インフレに強い金融商品など、ひょっとしたらないのかもしれない。日本のような経済大国が破綻したら、世界中が一斉に「ハイパーインフレ」や「大恐慌」になるようなリスクも否定できない。老後破綻のリスクは、そう簡単には克服できない。

●リスクマネーの先を読む

2008年のリーマンショックで、投資信託に投資していた人の大半は元本割れを起こし、株式市場やFXで円安に賭けていた投資家もやはり、大半が損失を抱えてしまった。また、東日本大震災のときには急激な円高で日本のFXトレーダーを意味する「ミセスワタナベ」が総崩れになったといわれる。

こうした事態に陥らないためには、いざというときの判断力を養う必要がある。むろん、プロの投資家でも生き残るのがやっとという難しい状況の中で、個人投資家がどこまでやれるのかは、かなり不透明だ。

判断力を養うためには、日常的にヘッジファンドの動向や世界経済の情勢などを追いかけていくしか方法はないだろう。ヘッジファンドの動向から、日本国債の暴落が本格的なものなのか、あるいは一過性のものなのか、その判断は極めて難しい。

そのためには、リスクマネーの動向を常にウォッチして、いざというときに備えるしかないだろう。その「いざ」というときが、どんな状態でくるのかはわからなくても、ヘッジファンドが仕掛けてくる以上、その動向を見ていれば、ある程度は想像できる。

具体的には、ヘッジファンドの投資戦略別の動きに注視することだ。たとえば、ヘッジファンド全体の動きを指数化したデータが、複数のヘッジファンド調査会社によって発表されている。正確な数字は把握しにくいかもしれないが、ヘッジファンドの「純資産総額」といったデータは参考になる。リスクマネーにお金が集まれば、それだけ短期金融市場はリスキーな動きに偏っていることを示している。

一方、ヘッジファンドは、その運用スタイルによっても分類されている。数ある運用スタイルの中で、どのヘッジファンドの勢いがいいのか、どのファンドが好成績を上げているのかを見ることが大切だ。好成績を上げている運用スタイルのヘッジファンドには、それだけ多くの資金が流入している。

とりわけ「グローバル・マクロ」の成績が良好な状況がずっと続いていれば要チェックだ。かつてポンド売りで「英国ポンド危機」を演出したグローバル・マクロが、今度は円安を仕掛けてくるかもしれない。日本国債暴落の前にリスクマネーが「日本売り」を仕掛ける可能性があるからだ。もっとも、こうした円売りなどにはきっかけが必要だ。2015年12月の米国政策金利引き上げでは、一気にドル買いが拡大して円安が進むと思われたが、実際には限定的だった。米国サイドから見ると、ドル高が進むためには次のような要因が必要だ。

・国債などのソブリン格付けに動きがあった
・FRB（米連邦準備制度理事会）のイエレン議長の発言に変化があった
・雇用統計などの経済指標に変化があった
・その他（著名投資家の発言など）

前述したように、格付けの変化は最も大きな影響を与える。さらに、為替の場合はやはり中央銀行総裁のコメントが大きな意味を持つ。中央銀行＝通貨（為替）の番人といわれるように、中央銀行の動向が為替レートを大きく左右する。とりわけ、最大級のインパクトを持つのは「金利の上げ下げ」だ。金利が引き下げられれば、その通貨を手放す人が増えると見なされて売られてしまう。その半面で、預金から株式などリスク商品へのシフトが増えるとの予想から株式市場などは上昇する。

こうした米ドルの動きは、日本サイドから見ても同じことがいえる。通貨は双方の動きによって上げ下げするから、日本円の場合は次のようなファクターによって売られたり、買われたりする。

・日本国債の格付けに変化があった
・日銀の黒田総裁の発言に変化があった
・消費者物価指数やＧＤＰなど、日本の景気指標に変化があった
・その他（著名投資家の発言など）

日本の場合、具体的にどんな状況になればリスクマネーが「日本売り」を仕掛けてくるのか。かつては、格付けと景気指標の変化がきっかけとなることが多いと思われていたが、アベノミクスによるＱＱＥとマイナス金利で、いまや黒田日銀総裁の発言内容が最も重視されるようになった。

特に、日銀が２％を目指す消費者物価指数に大きな変化が見られたときは要注意だ。ただし、日本の場合、景気が良くなることは必ずしもいいことではない。景気が良くなれば、当然経済活動が活発になって、物価が上昇していく。想定以上に物価が上昇すると、インフレの心配が出てくるために、日銀は金利を上昇させなければならない。

金利の上昇は日本国債の利払いが増えることを意味しており、より財政が悪化すると見られる。アベノミクス以前は公的年金の運用の試算でも年平均の成長率を４％程度に設定していた。しかし、実際に４％の経済成長が実現してしまうと、物価上昇圧力も高まって、金利も同程度に上げざるを得ない。景気が上向けば税収も増えるとよくいわれるが、タイムラグもあるし、日本政府の財政危機が一気に浮上してくる可能性もある。

一方、リスクマネーの動きによって日本国債の空売りが出ているかどうかを見極める方法もある。ヘッジファンドは「裁定取引（Arbitrage）」という取引手法をよく活用する。債券市場に価格の歪みが生じている場合、「債券裁定（Fixed Income Arbitrage）」や「転換社債裁定（Convertible Arbitrage）」といった投資戦略が活発な動きを見せてくる。普段は比較的地味なヘッジファンドのひとつだが、コンピュータを駆使しながら、わずかな利ザヤを取って収益を上げているヘッジファンドが多い。こうした投資戦略が大きな利益を出している場合、価格の歪みが生じてきていることを意味する。

また、短期国債に比べて長期国債の金利が高くなりすぎている場合、債券裁定取引を仕掛けて債券価格の動きを増幅させる可能性が高い。マイナス金利が導入されて、こうしたリスクマネーがどんな方法で利益を狙いにくるのかわからないが、今後は長期国債も含めて利回りがマイナスになるような状況の中で、どんな形でリスクマネーが動いてくるのかに注目したい。

いずれにしても、ヘッジファンドの動きを察知しながら日本国債の暴落、あるいは日本円の売り叩きを素早くキャッチして、速やかに対応することだ。

アベノミクスが始まって以来、日銀が日本国債を管理しているために、いわゆる「日本売り」の動きは出てこない。投資の世界には昔から「中央銀行には逆らうな」という不文律があるため、日銀が新規発行分の国債の大半を吸収している状況では、リスクマネーも勝負を挑むのはなかなか難しい。ただし、英国中央銀行の「イングランド銀行」にポンドの空売りで勝ったジョージ・ソロスのように、中央銀行に挑むリスクマネーもあることは忘れないほうがいい。

莫大な財政赤字を抱えながらも、財政改革や構造改革には手をつけず、金融政策だけで対応している日本は、昔も今も、ヘッジファンドにとっては勝負をしてみたいマーケットといっていいだろう。投資家の多くが「(日本国債や円が)暴落しても不思議ではない」と思っているからだ。

言い換えれば、現在の国債価格の高止まりや円高水準に対して「歪み」を感じている投資家が増えているということだ。つまり、マーケットがいったん動き出せば、あっという間に現在の逆方向に動く可能性がある。ここでヘッジファンド全体の動きを示す「ヘッジファンド指数」について紹介する。

●バークレイ・ヘッジファンド・インデックス

英国の調査会社「バークレイ・ヘッジ」が作成しているヘッジファンド指数。
http://www.barclayhedge.com/research/indices/ghs/Hedge_Fund_Index.html
●クレディスイス・ヘッジファンド・インデックス
クレディスイスが発表しているヘッジファンド指数。総合指数と11種類の投資戦略別指数。http://www.hedgeindex.com/

海外口座は単なる外貨預金の預け先ではない

日本人が誤解していることのひとつに、日本は高い技術力を駆使して高品質の製品を輸出し続けているから「貿易黒字」が出て、経常黒字を維持できている、という考え方がある。貿易黒字があるから、海外から食料品やエネルギーを購入して、我々は豊かな暮らしができる。勤勉な日本人が高い技術で生産している高品質な製品が、日本の豊かさを支えている、というロジックだ。

日本の経常黒字の本質は、製造業にあるというのは錯覚で、実は「債券」による配当や償還金の収益が大きい。日本は、ずっと超低金利政策を実施したため、海外に投資することを強いられた。企業、個人ともに外貨建て債券や投資信託から発生する金利や償還金などによって、毎年莫大な収益となって入ってきている。それが国内に入ってきたときには、外貨を売って円を買うために円高になっていく。つまり、日本人の豊かさを支えているのは金貸し＝債券投資なのだ。

高い技術力がなんとなく未来永劫、日本の経常黒字を維持し続けてくれそうなイメージだが、実はただの債権国＝金貸しであり、日本の立場は意外と脆《もろ》いということだ。とりわけ、日本経済がおかしくなったら、海外にある日本の資産は一斉に引き揚げられて超円高になり、日本を代表する国際輸出企業などは致命的な打撃を受けてしまうかもしれない。

実際に、東日本大震災ではリスクマネーがそろって、「大震災によって日本の資産が海外から引き揚げられる→外貨が売られて円が買われる→円高」と読んで、史上最高値の円高につながった。ヘッジファンドの一部は、その円高を利用して為替市場に参入している日本の個人投資家狩りを行った。

そこで、やはり重視したいのが、海外へ資産を移す、あるいは自分自身の住まいの拠点を海外に移すという方法になるだろう。一番手っとり早いのは海外の銀行に口座を開設して、自分の資産をシフトさせることだ。

そこで問題になるのは、どの国や地域の銀行を選択するのかである。たとえば、海外口座といえば「国際金融センター」とか「タックスヘイブン」に近い地域や国を思い浮かべる。アジアであれば、香港やシンガポールということになるわけだが、日本と違って証券業務と銀行業務を兼ねている金融機関なども多く、日本よりもはるかに利便性の高い銀行が多い。日本にはないような手数料の低い、きちんと5年、10年に渡って運用成績を残してくれる投資信託や債券などが数多くそろっているのだ。

その半面で、その銀行のある地域や国に住もうと考えるとやや厳しいものがある。金融的には自由だが、そういう地域は外国人も数多くいて、住むのは難しくなってしまう。かといって欧州や米国となると時差の関係などもあって、そう簡単にはイメージできない。

その点、フィリピンやタイ、マレーシア、オーストラリアは、あまり時差がない。そういった年齢や移動の距離、時差もしっかり考慮したうえで口座を開設する国を選んだほうがよさそうだ。また、日本の年金が役に立つかわからないことを考えると、あくまでも自分の預金で食べていくことになる。インフレ率の高い国は、預金金利も高いからあまり心配はないが、日本や欧州のように超低金利の国もある。滞在する国の経済情勢などもしっかりと確認することだ。

さらに海外での滞在は、日本の状況を海外から見る立場になる。株式市場や為替市場が混乱しているときに、海外にある自分の口座を利用して、日本に投資するのもひとつの方法だ。香港やシンガポールには、日本市場の株式などに投資することができる口座を開設している証券会社がいくつかある。

その口座を使って、株式売買やFX取引をするのもよい。情報収集も、インターネットでリアルタイム情報を得られるため何の問題もない。日本よりも物価の安い国で、投資をしながら過ごすというのも悪くない話だ。海外口座をただ単に外貨預金の預け先と考えてしまわないことだ。

最近は、海外口座を持つ人も増えたが、ほとんどの人が口座開設後の管理を怠っていることを聞くと、投資に役立てているのか、ちょっと不安が残る。そこには、やはり言葉の問題などがあり、前述した香港のＮＷＢ（日本ウエルス銀行）などが使い勝手がいいのかもしれない。

ちなみに、海外口座を持つのであれば、実質的なオフショア市場になっているグローバル・スタンダードな地域や国がいい。いわゆるタックスヘイブンで、インカムゲインや利息などに税金がかからず、相続税や贈与税も非課税。たとえば、香港やシンガポールといった「国際金融センター」にある銀行がお勧めだ。

日本の場合は金融庁などの規制が厳しく、投資信託や債券類でも必ず日本語に訳した書類を用意して金融庁に提示したり、顧客に日本語の目論見書などを配布しなければならない。当然ながらそのコストが加算されて、日本の金融商品は高コスト商品となり、高いパフォーマンスが期待できない。

ところが、香港やシンガポールでは、英語の書類のまま当局に届け出て、顧客にもそのまま販売できる。こうした金融商品を売買できるのは、国際金融センターの特徴であり、オフショアマーケットになる。そうした地域には、優秀な国際標準のスキルを持った金融プロフェッショナルも集まる。そういう意味でいえば、日本はいまだに官僚が統制している閉鎖社会といえる。

もしも老後破綻してしまったら…

最後に、運悪く予想が実現してしまったら、どうすればいいのか。

公的年金という収入源が役に立たなくなり、生活できなくなってしまった場合だ。

本当に生活に困窮したら、最終的にはセーフティネットである生活保護を受ければいいのだが、経済破綻後ではその制度が利用できるかどうか不透明だろう。また、生活保護を受けられたとしても、給付金で生活していけるかどうかはわからない。それに、仮に住宅などの財産があれば生活保護は原則として受けられない。

ほんとうに日本経済が破綻してしまったら、最終的には「金」や「外貨」「仮想通貨」しか役に立たないはずだ。過去の歴史から学べば、ハイパーインフレや凄まじい経済危機の状態においては、自国の通貨(法定通貨)は役に立たない。何かを売買するには、物々交換になったり、金のコインや外貨で決済することになる。

そのときに備えて、純金の、それも小口の単位のコインをある程度はそろえておいたほうがいいかもしれない。経済危機が起きてから、金を現物に変えようと思ってもなかなかできないだろう。普段、日常的にできることが、いざというときにはできなくなってしまう。それが経済危機というものだ。

おそらく、ガソリンや石油といったエネルギーもストップしてしまう可能性が高い。かつて米ドルが暴落したときに、最も考えられる可能性が高かったのは貿易の停止だった。日本の場合も、経済的混乱の中でエネルギーの供給がストップする可能性がある。

我々は、東日本大震災を通して様々なことを学んだが、計画停電や物不足の状況を見て、将来の日本の姿を垣間見たと感じた人も少なくなかったはずだ。その体験を忘れず、経済危機を想定して、可能な限り準備をしておくこと。むろん、食料品の備蓄も常に心がけることだ。

経済危機は災害と同じ。前述したように、１９３０年代に米国で起きた大恐慌では、餓死者も数多く出た。しかも、１９３７年のニューヨークでさえも家に食べるものがなくて、自殺した少年の話が語り継がれている。

大切なことは、生き残るためには手段を選ばないことだ。働けなくなるまでに何らかの形で財産を作っておくことも必要だが、危機時にはどんどん財産を処分して生き残ることだ。そして、子供や孫、次の世代を担う人たちを助けること。そのためにも資産を思い切って使うことも、ときには必要だ。

日本の高齢者はお金持ちだ。「年代別金融資産残高の分布」(財務省)というデータを見てみると、60歳以上の世帯だけで58・7%(2009年)に達している。60歳以上の世帯が日本の資産の6割を持っているということだ。不動産などの実物資産や負債も入れた総資産保有残高でも、60~69歳の世帯で4925万円に達している。70歳以上では5024万円に達する。日本全体の富の半分以上を、60歳以上の世帯が握っているのだ。

いざというときには、国民が溜め込んだ預貯金などの資産をすべて使い切ることで、経済を活性化させ、経済危機を乗り切ることも高齢者の重要な役割になるだろう。

あとがき

老後の過ごし方についての書籍は、健康管理から趣味の本まで多種多様だ。しかし、これほど数多くの書籍がある中で、老後の破綻を警告した本は数少ない。NHKが放映して注目を集めた「老後破産」も、どちらかというと、その個人一人ひとりの事情に責任が多くある、といった論調だった。

周知のように、現在の高齢者の多くは裕福である。核家族化はしているが預金や不動産といった「財産」がたっぷりあり、しかも公的年金が2カ月に一度きちんと自分の口座に入金される。日本の高齢者は1世帯当たり平均で2000万円の現金を残してこの世を去る、ともいわれている。

しかし、考えてみていただきたい。その預貯金や公的年金の価値が大きく下落して、役に立たなくなってしまったらどうなるのか。実は、老後破綻のリスクは、社会全体のメカニズムにとっても極めて重大な影響を与える。年金暮らしをしている親がいるような人はなおさらだ。無一文になった親の面倒を見なければならなくなる子供の急増が社会現象になる日も近いかもしれない。

第2次世界大戦以後、70年あまりが経過したが、その間、確かに人類は少なくとも先進国は何とかうまくやってこれた。国が発行する紙幣に一定の価値があるものとして「信用」の上に形成された経済を運営してきた。だが、たかが70年の歴史である。70年前以前は、先進国でも貨幣価値の変化は日常茶飯事だった。国が発行した紙幣や債券の価値を鵜呑みにできない社会が、いつまた訪れても不思議はないのだ。

日本の高齢者は、平均で2400万円程度の金融資産を保有しているといわれるが、それも政府機能が盤石であればこそのものだ。政府が不安定になれば、日本円の価値も不安定なものになる。老後の蓄えも幻のように消えてしまう可能性もあるのだ。

日本は貿易黒字があるから大丈夫という人もいるが、貿易黒字を稼ぐためには海外で稼ぎ続けなければならないわけで、そのためにはせっかく稼いだお金を、海外に持って行って投資をしなければならない。そして、海外で稼いだお金はなかなか日本に持ち帰ることができない。近年、日本の外貨準備高や個人の金融資産が増えていかないのもそのせいだ。

「老後破綻」をもたらす、あらゆるファクターを想定し、その準備とシミュレーションをしておく必要がある。本書が、老後破綻を防ぐ一冊になれば幸いだ。

２０１６年４月

岩崎博充

編集協力　有限会社エムサット
DTP制作　株式会社三協美術
図　　版　村上麻紀
カバー写真　IBudgetPhoto.com/PIXTA

老後破綻　改訂版
2016年5月11日　第1版第1刷

著　者　岩崎博充
発行者　後藤高志
発行所　株式会社廣済堂出版
〒104-0061　東京都中央区銀座3-7-6
電話 03-6703-0964(編集)　03-6703-0962(販売)
Fax 03-6703-0963(販売)
振替 00180-0-164137
http://www.kosaido-pub.co.jp

印刷所
製本所　株式会社廣済堂

装　幀　株式会社オリーブグリーン
ロゴデザイン　前川ともみ＋清原一隆(KIYO DESIGN)

ISBN978-4-331-52032-1 C0295
©2016 Hiromitsu Iwasaki　Printed in Japan
定価はカバーに表示してあります。落丁・乱丁本はお取り替えいたします。